Rechenrabe 1

Mein Mathematikbuch

Autorinnen
Annabel Kandel
Manuela Mehl
Heidi Schmidt
Mona Sommer
Jannike Thomas

Beraterinnen
Solveig Haegeler
Sandra Keuken
Teresa Kunter
Petra Manthey
Ruth Wörner-Ernst
Silke Weinert

Ernst Klett Verlag
Stuttgart · Leipzig · Dortmund

		Schülerbuch	Arbeitsheft	Testheft
Der Zahlenraum bis 10	Die Zahlen bis 10	4	2	①
	Links – rechts, oben – unten	6	3	
	Mehr – weniger – gleich viele	8	4	② ③
	Die Zahlen 1 bis 10	10	5	④
	Nachbarzahlen bis 10	20	10	
Mit den Zahlen bis 10 arbeiten	Zuerst 5	21	11	
	Anzahlen bestimmen	22	12	⑤
	Das Zehnerfeld	25	13	
	Zahlen zerlegen	26	14	⑥
	Ordnungszahlen	32	17	⑦
	Zahlen vergleichen	33	18	
	Wiederholung	34	19	
Förderheft 2–25	Rückblick	36		
Forderheft 2–10	Knobeln mit Formen	37	20	
Plus im Zahlenraum bis 10	Plus: Es werden mehr	38	21	
	Plusaufgaben finden und üben	40	22	
	Tauschaufgaben	42	24	
	Aufgabenrollen	43	25	
	Einfache Plusaufgaben	44	26	
	Ergänzen	45		
	Plusaufgaben und Ergänzen üben	46	27	⑧
Geometrie	Formen	47	28	
	Figuren legen	48	29	
	Muster	49	30	⑨
Minus und Plus im Zahlenraum bis 10	Minus: Es werden weniger	50	31	
	Minusaufgaben finden und üben	52	32	⑩
	Aufgabenrollen	54	34	
	Umkehraufgaben	55	35	
	Zahlenmauern	56	36	
	Minusaufgaben üben	57	37	⑪
	Wiederholung	58	38	
Förderheft 26–43	Rückblick	60		
Forderheft 11–22	Knobeln mit Formen	61	39	
Der Zahlenraum bis 20	Die Zahlen bis 20	62	40	
	Nachbarzahlen bis 20	64	41	
Mit den Zahlen bis 20 arbeiten	Zahlen bis 20 bündeln	65	42	
	Das Zwanzigerfeld	66	43	
	Zuerst 10	67	44	⑫
	Zahlen vergleichen und zerlegen	68	45	⑬
Plus und Minus im Zahlenraum bis 20	Große und kleine Plusaufgaben	70	47	
	Tauschaufgaben	71	48	⑭
	Große und kleine Minusaufgaben	72	49	
	Umkehraufgaben	73	50	⑮
	Aufgabenfamilien	74	51	
	Tabellen	75	52	
	Verdoppeln und Halbieren	76	53	
Geld	Geld: Cent und Euro	78	55	⑯
	Mit Geld rechnen	80	57	
Förderheft 44–57, 64, 72, 73, 75–77, 79	Wiederholung	82	59	
	Rückblick	84		
Forderheft 23–37, 47–49	Knobeln mit Zahlen	85	60	

		Schülerbuch	Arbeitsheft	Testheft
Plus mit Zehnerübergang	Plus: Rund um die 10	86	61	
	Plus: Zuerst bis zur 10	87	62	
	Plus: Rechenwege über die 10	88	63	
	Die 1 + 1 Tafel	89	64	
	Nachbaraufgaben	90	65	
	Plusaufgaben üben	91	66	
	Plus: vorteilhaft rechnen	92	67	17
Minus mit Zehnerübergang	Minus: Rund um die 10	93	68	
	Minus: Zuerst bis zur 10	94	69	
	Minus: Rechenwege über die 10	95	70	
	Minusaufgaben üben	96	71	
	Minus: vorteilhaft rechnen	97	72	18
	Plus- und Minusaufgaben üben	98	73	
	Gleichungen und Ungleichungen	100	75	
Geometrie / Raumgeometrie	Figuren legen	102	77	
	Muster zeichnen	104	78	
	Geobrett	105	79	
	Wege finden	107	80	
	Würfelhausen	108	81	19
	Wiederholung	110	82	
Förderheft 58–62, 65–69, 74	Rückblick	112		
Forderheft 40–46	Knobeln mit Blickrichtungen	113	83	
Plus und Minus im Zahlenraum bis 20	Aufgabenfamilien	114	84	
	Zauberdreiecke	116	85	
	Zahlenmauern	118	86	
	Zahlenfolgen	120	87	20
Kombinatorik und Zufall	Kombinieren	121	88	
	Zufall und Zufallsversuche	122	89	
Zeit	Die Uhrzeit	124	90	21
	Der Kalender	126		
Sachrechnen	Mit Fragen arbeiten	127	91	
	Mit Skizzen arbeiten	128	92	
	Mit Gleichungen arbeiten	129	93	22
Zahlen bis 100	Die Zehnerzahlen	130	94	
	Wiederholung	132	95	
	Rückblick	134		
Förderheft 63–74, 78	Knobeln mit Texten	135	96	
Forderheft 38, 39, 50–64	Basiswissen	136		

1 Verweis auf Mein Testheft – zur selbstständigen Lernstandserfassung

Die Zahlen bis 10

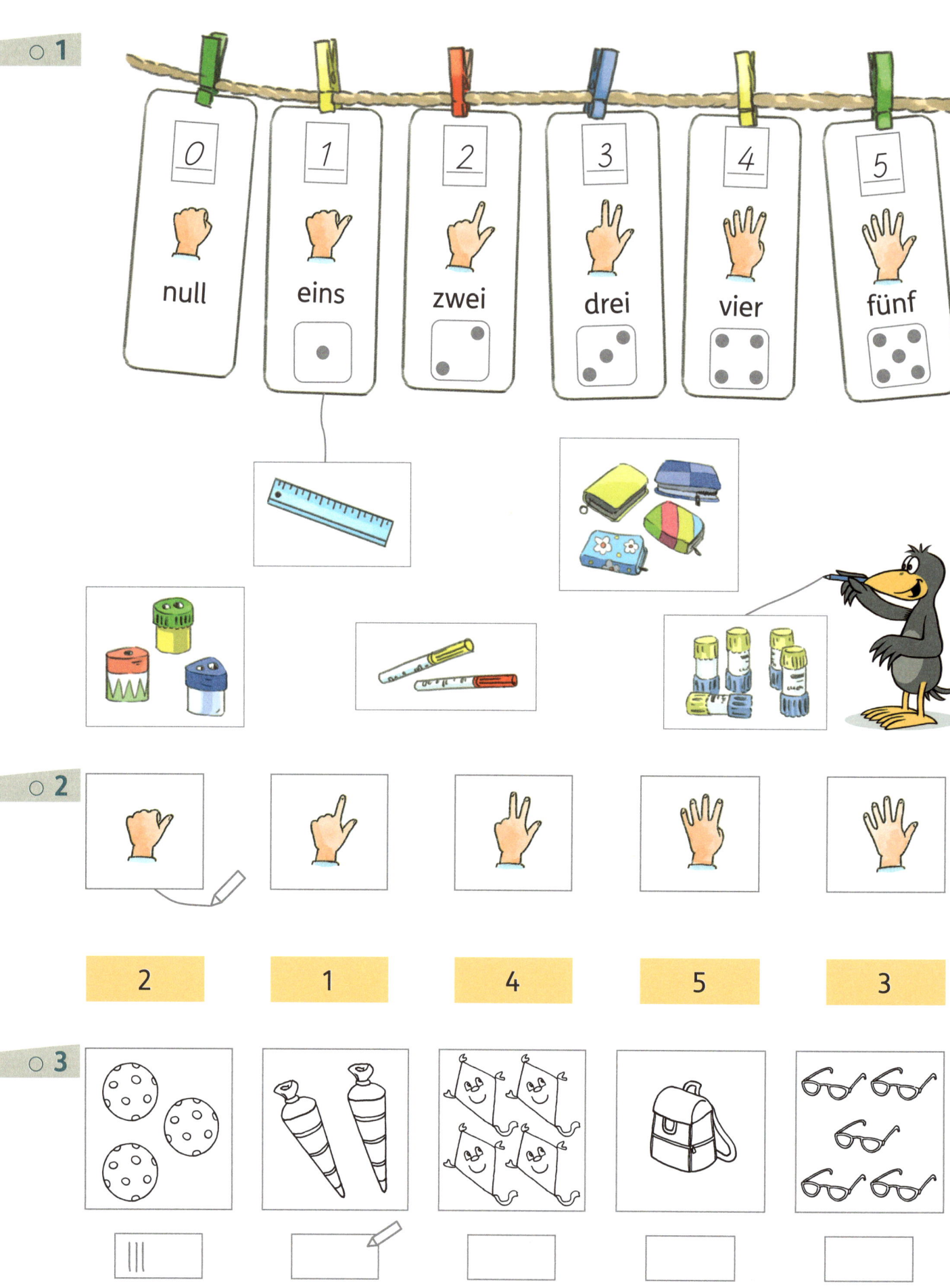

1 Die Zahlen von 0 bis 10 kennenlernen. Zahlbilder, Fingerbilder und Würfelbilder besprechen. Mengen mit den passenden Zahlenkarten verbinden. 2 Fingerbild und passende Zahl verbinden. 3 Strichlisten zu vorgegebenen Mengen anfertigen. Fünferbündelung besprechen. Eigene Gegenstände im Klassenraum finden, zählen, ggf. Strichlisten anfertigen.

→ Arbeitsheft, Seite 2

1 Die Zahlen von 0 bis 10 kennenlernen. Zahlbilder und Fingerbilder besprechen. Fingerbilder benennen und zeigen lassen. Mengen mit den passenden Zahlenkarten verbinden. 4 Fingerbilder und passende Zahl verbinden.
5 Mengen zu vorgegebenen Strichlisten zeichnen. Fünferbündelung bei den Strichlisten besprechen.

→ Arbeitsheft, Seite 2

Links – rechts

○ 1

○ 2

○ 3

○ 4
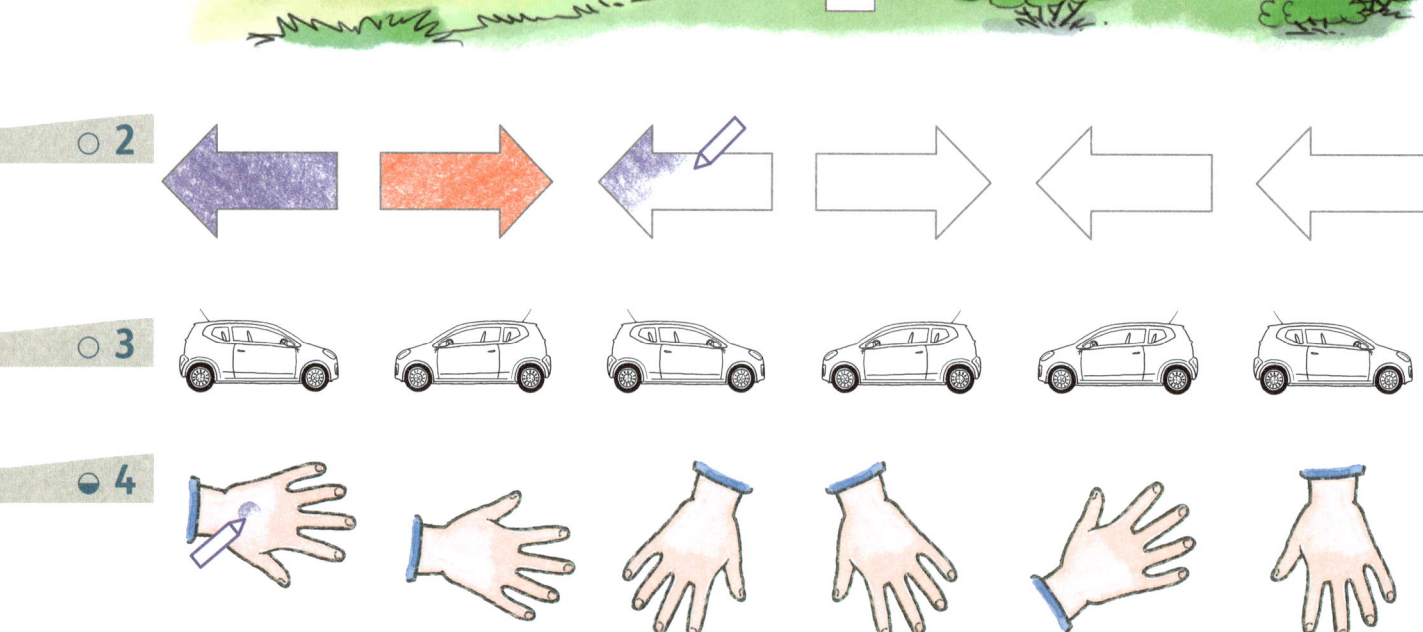

6

1 Gemeinsam über das Bild sprechen. Richtung der Personen, Tiere oder Dinge erkennen und das Feld in der entsprechenden Farbe ausmalen. 2, 3 Pfeile und Autos in der entsprechenden Farbe anmalen. 4 Linke/rechte Hand erkennen und entsprechend mit farbigem Punkt kennzeichnen. (Perspektivwechsel thematisieren.)

→ Arbeitsheft, Seite 3

Links – rechts, oben – unten

  1 Was ist wo?

links von
rechts von
oben über
unten unter
neben
zwischen

2 Was ist wo? Male.

  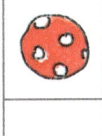  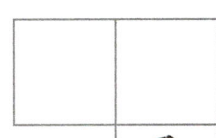

3

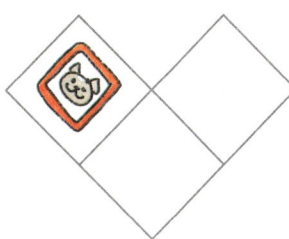 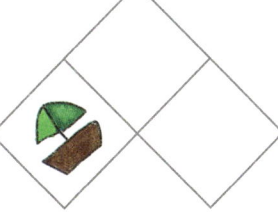 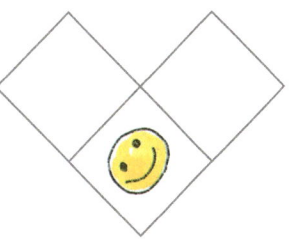 

 4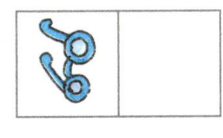

1 Situation im Klassenraum nachspielen. Lagebeziehung von Gegenständen im Raum sowie aus verschiedenen Perspektiven und bezüglich des eigenen Körpers beschreiben (rechts, rechts von, links, links von, über, unter, auf, hinter, vor, evtl. neben, zwischen). 2–4 Lage der fehlenden Bilder beschreiben und zeichnen.

→ Arbeitsheft, Seite 3

Mehr – weniger – gleich viele

○ 1

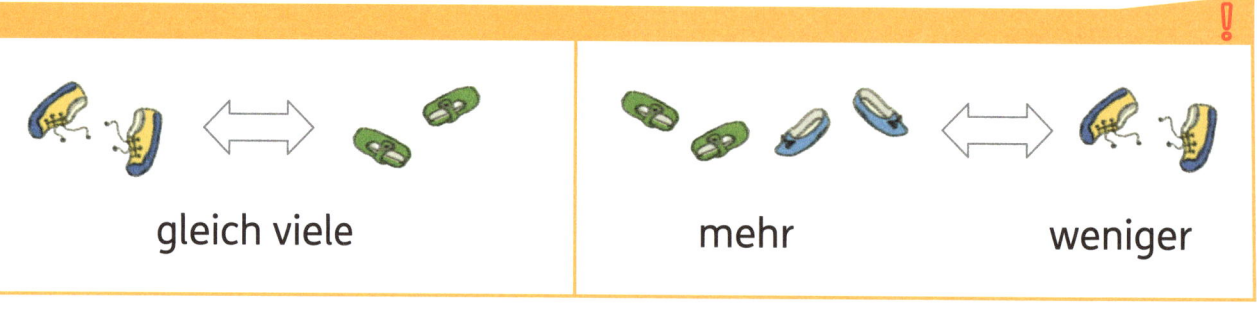

| gleich viele | mehr | weniger |

○ 2

◐ 3 Wo ist mehr?

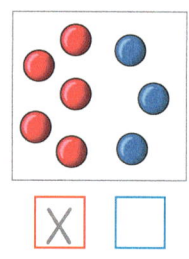
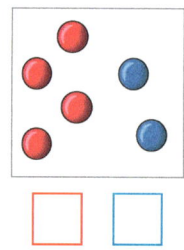
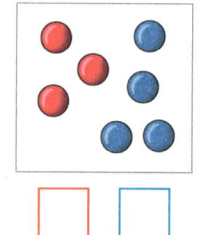
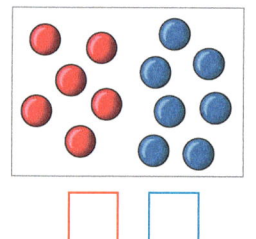

X ☐   ☐ ☐   ☐ ☐   ☐ ☐

8

1, 2 Die Beschreibungen „mehr", „weniger" und „gleich viele" kennenlernen. Mengen durch 1:1 Zuordnungen vergleichen.
3 Mengen vergleichen und entscheiden, wo mehr ist.

→ Arbeitsheft, Seite 4

Mehr – weniger – gleich viele

1 Wo ist mehr?

2

3

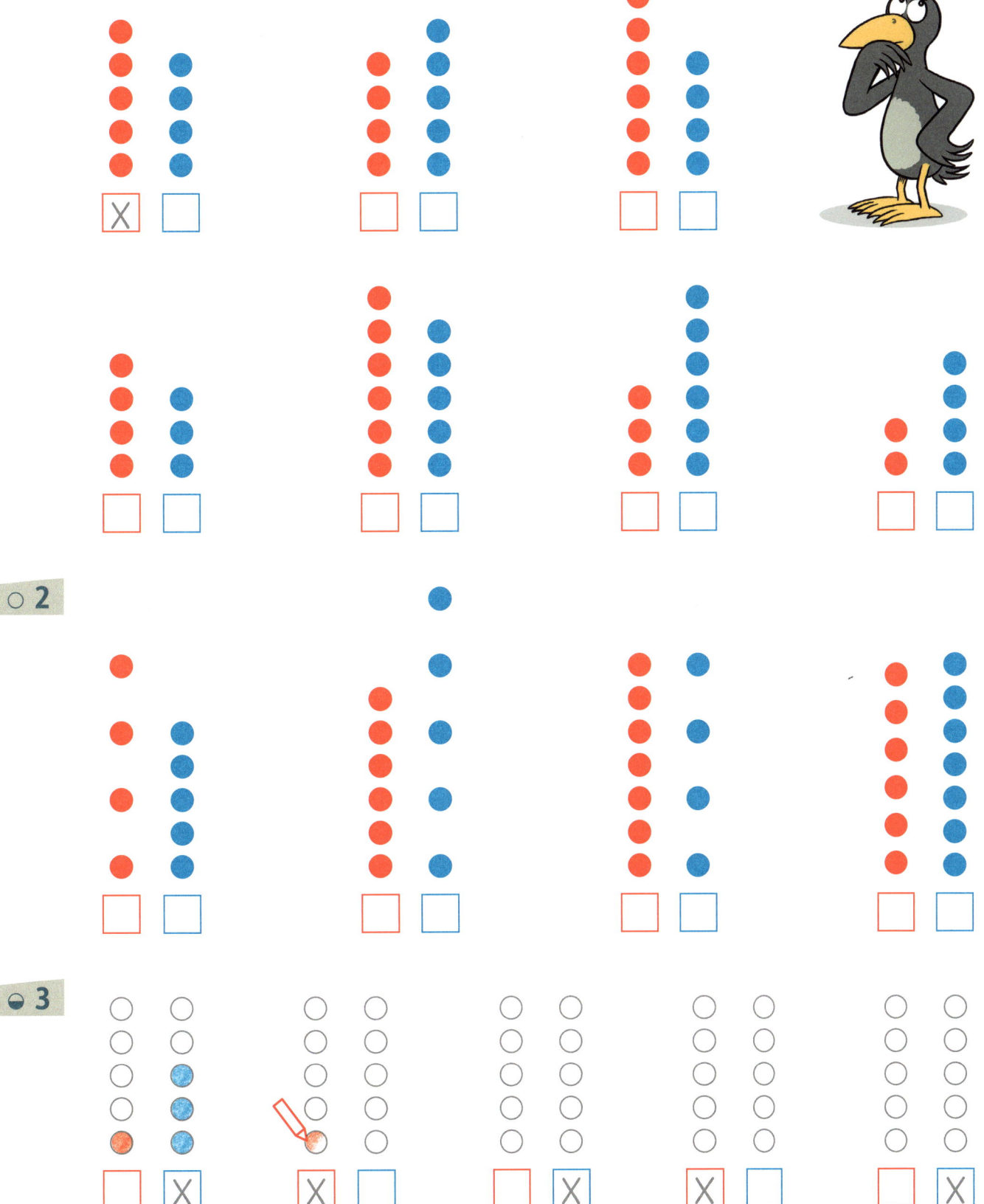

1, 2 Mengen vergleichen und entscheiden, wo mehr ist. Als Hilfestellung können die Plättchen durch 1:1 Zuordnung miteinander verglichen werden. Aufgaben bei Bedarf mit Plättchen nachlegen. **3** Unterschiedliche Mengenverhältnisse zeichnerisch darstellen.

→ Arbeitsheft, Seite 4

Die Zahl 1

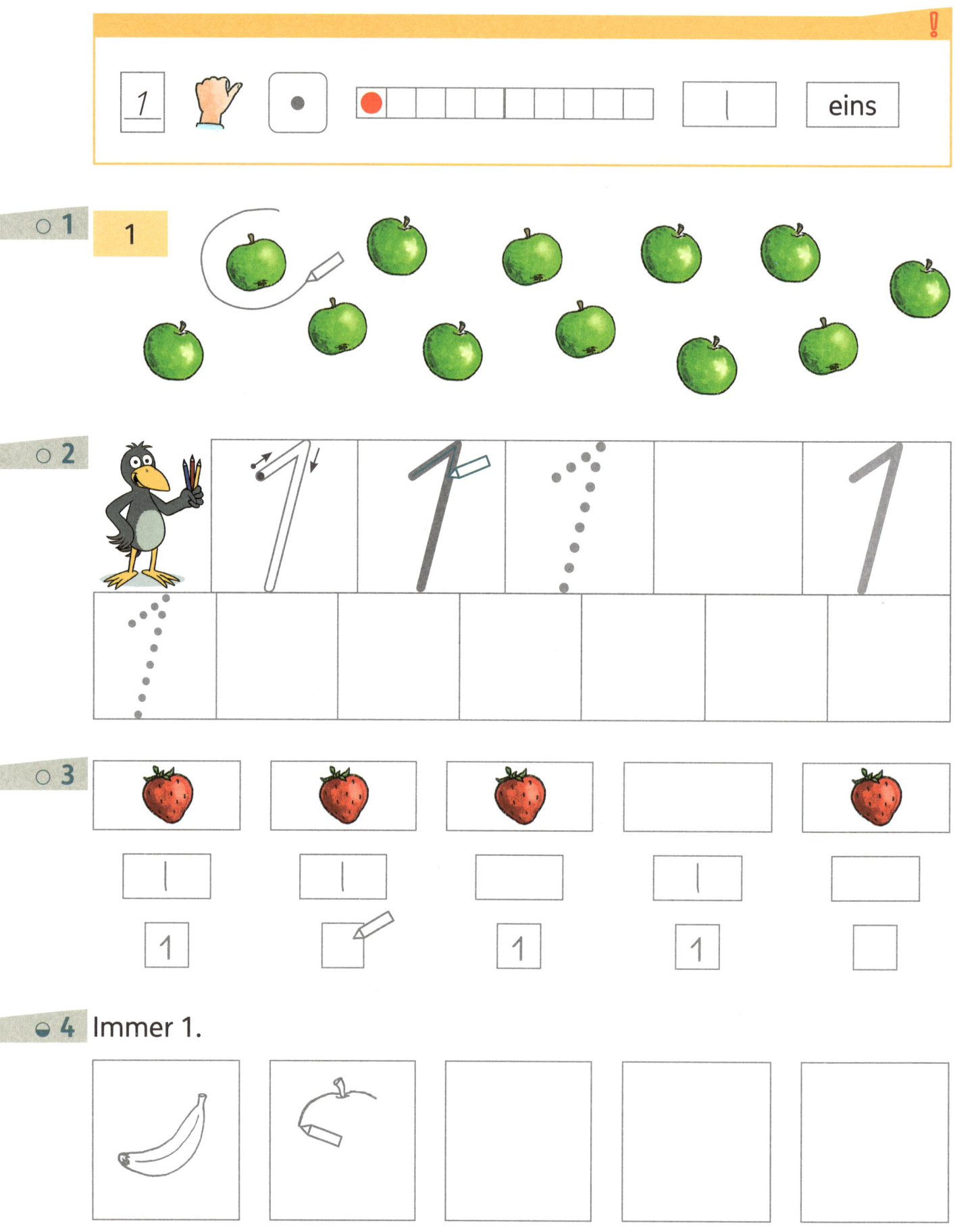

Die Zahl 2

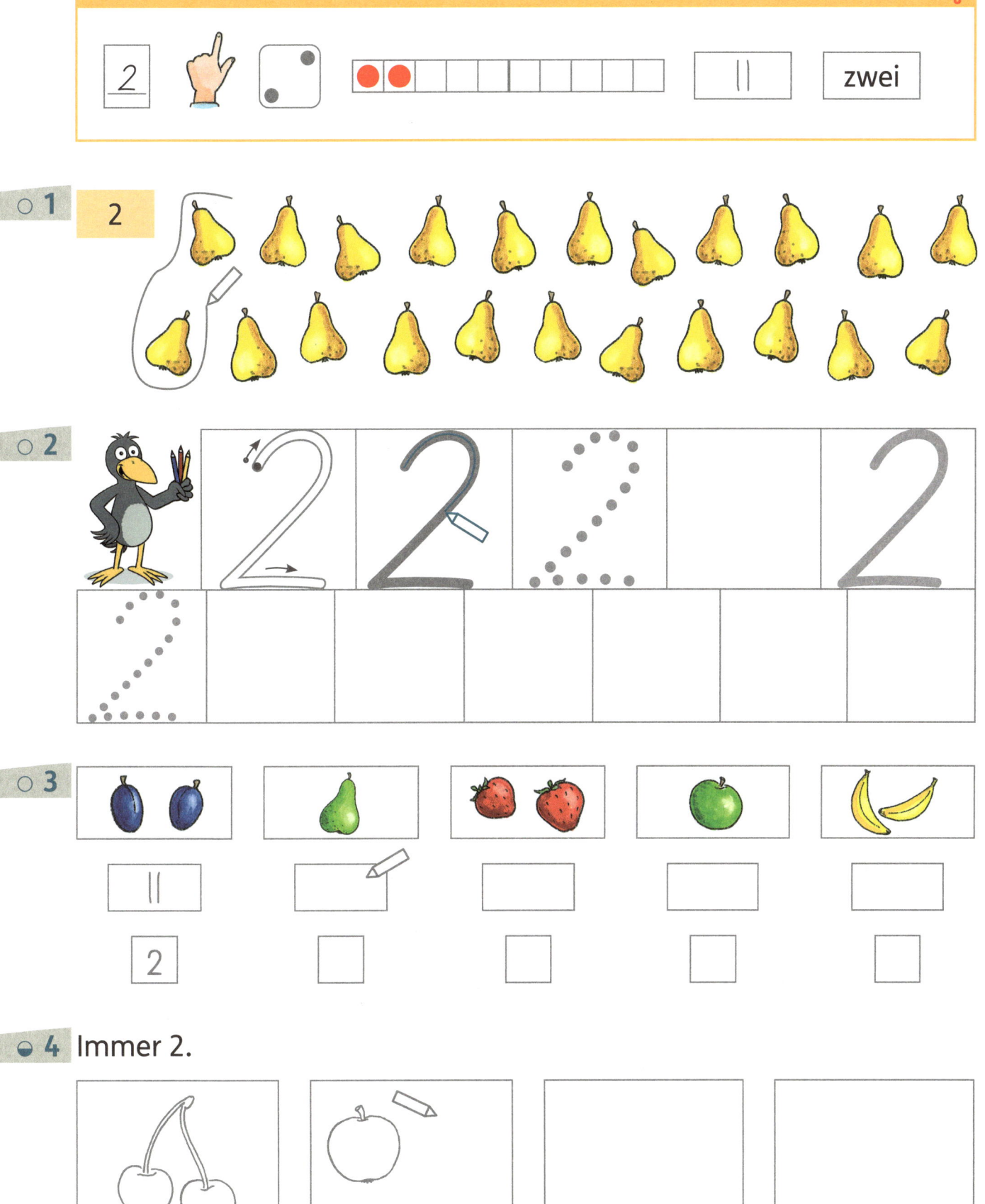

Die Zahl 2 und das Zahlwort kennenlernen sowie Mengen mit der Anzahl 2 im Klassenraum entdecken. **1** Immer zwei Birnen einkreisen. **2** Die Ziffer 2 zunächst farbig nachspuren. Anschließend weitere Schreibübungen durchführen. **3** Zu vorgegebenen Mengen die passende Zahl schreiben. **4** Die Menge 2 zeichnerisch darstellen.

→ Arbeitsheft, Seite 5

Die Zahl 3

| 3 |  ✋ |  ⚃ | 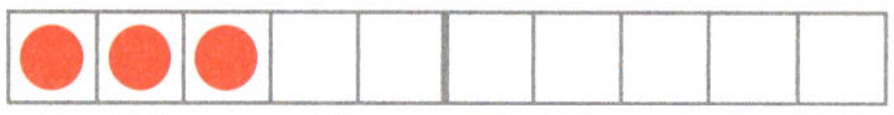 ●●● □□□□□□□ | ||| | drei |

1   3

2

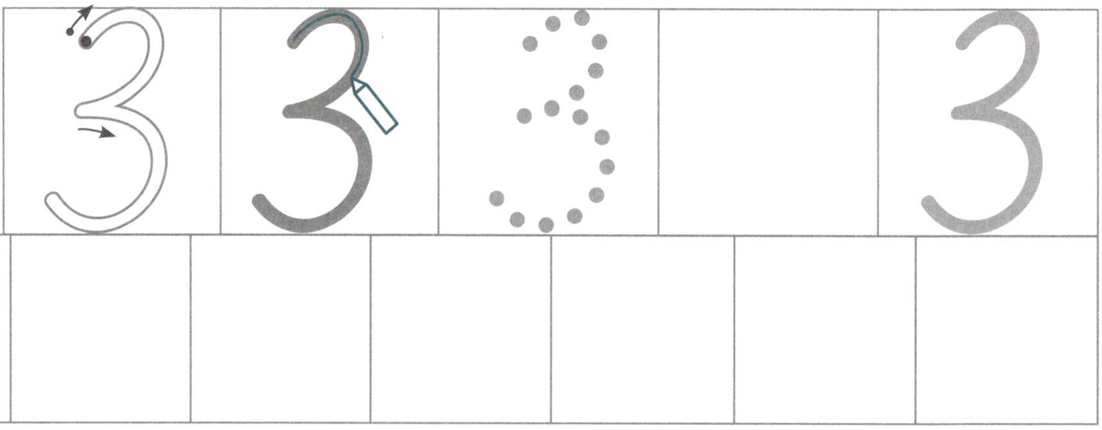

3

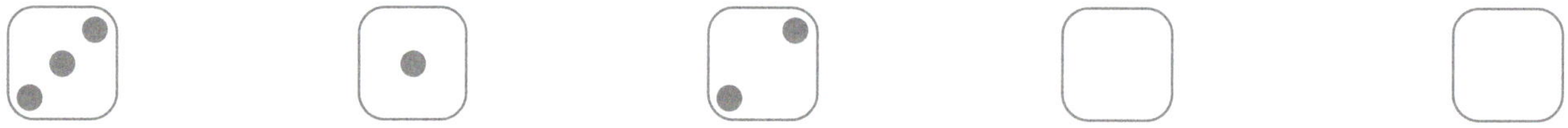

4 Immer 3.

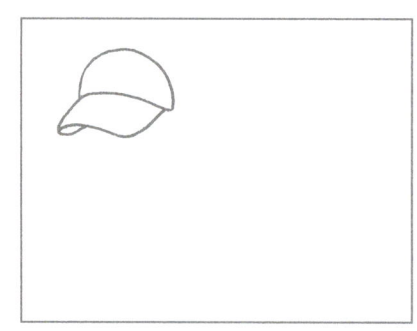
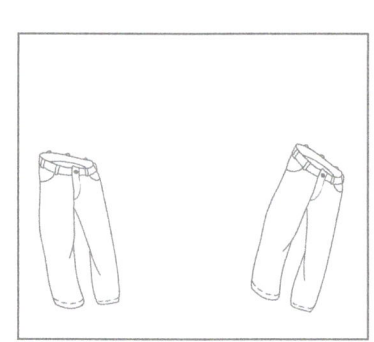

Die Zahl 3 und das Zahlwort kennenlernen. Mengen mit der Anzahl 3 im Klassenraum entdecken.
1 Immer drei T-Shirts einkreisen. 2 Die Ziffer 3 farbig nachspuren. Weitere Schreibübungen durchführen.
3 Bekannte Zahlen als Würfelbild, als Zahl bzw. Strichliste darstellen. 4 Die Menge 3 zeichnerisch darstellen.

→ Arbeitsheft, Seite 6

Die Zahl 4

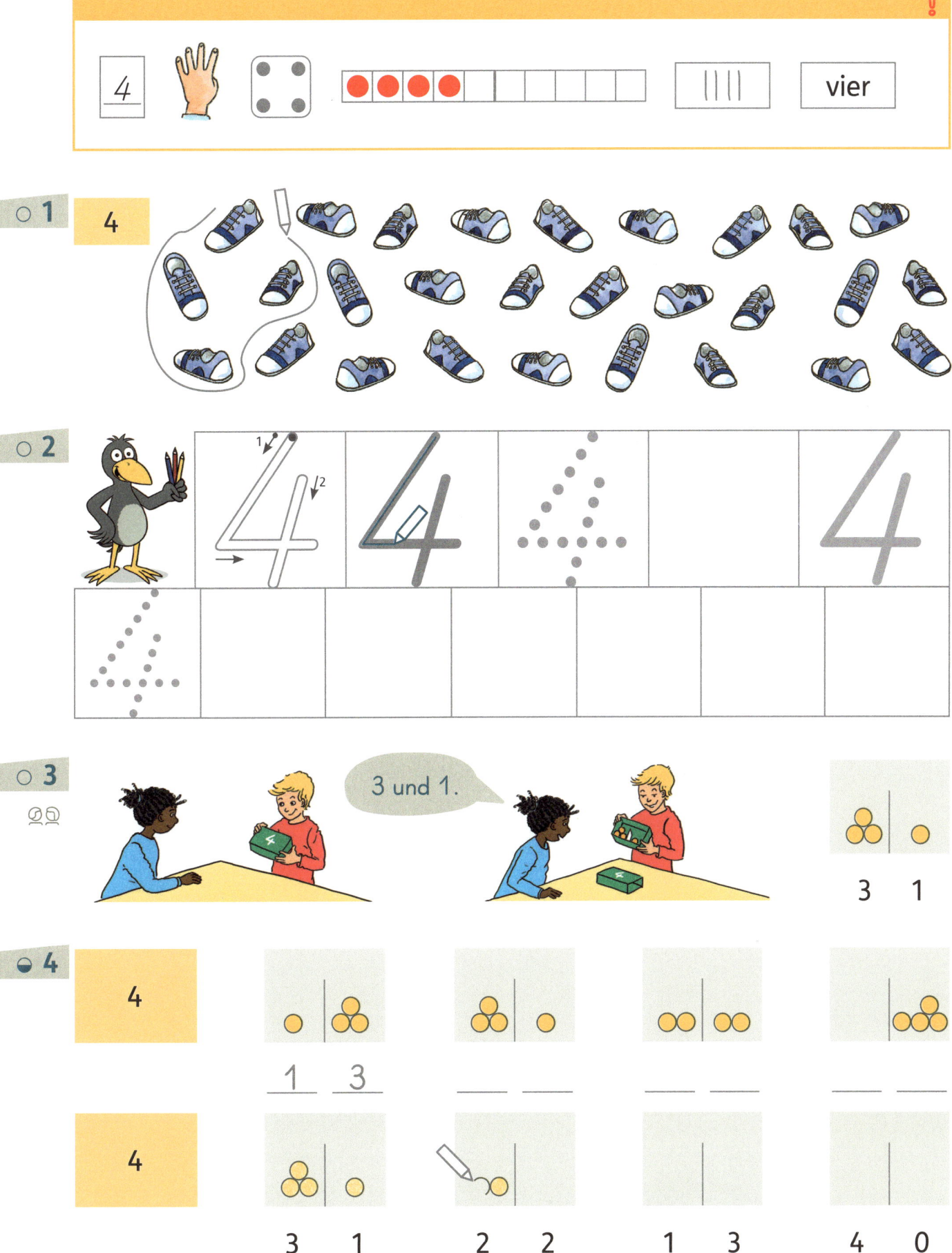

Die Zahl 4 und das Zahlwort kennenlernen. Mengen mit der Anzahl 4 im Klassenraum entdecken. **1** Immer vier Turnschuhe einkreisen. **2** Die Ziffer 4 farbig nachspuren. Weitere Schreibübungen durchführen. **3** Zahlzerlegungen mit der Schüttelbox kennenlernen und in Partnerarbeit durchführen. **4** Zerlegungen selbst zeichnen und passende Zahlen notieren.

→ Arbeitsheft, Seite 6

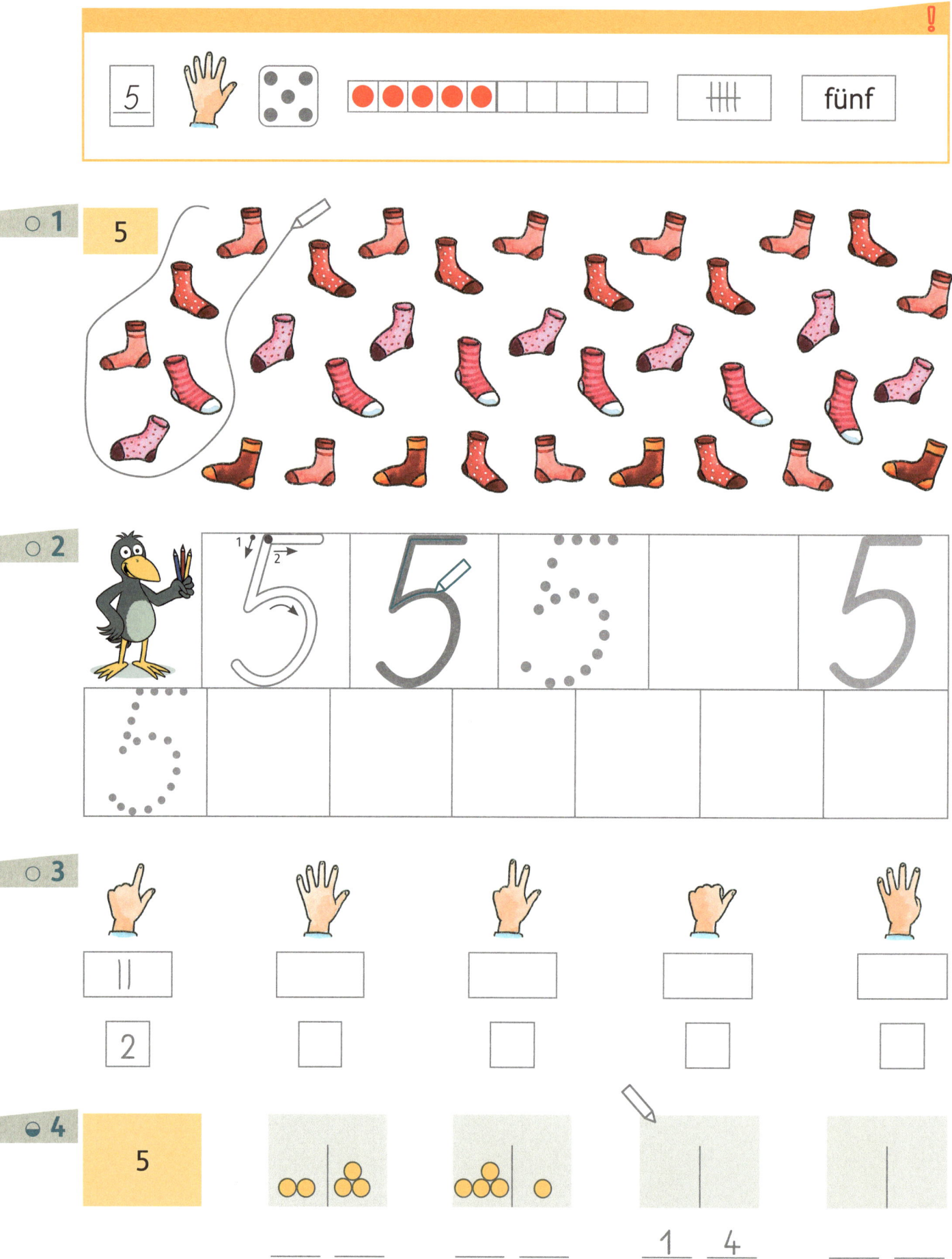

Die Zahl 6

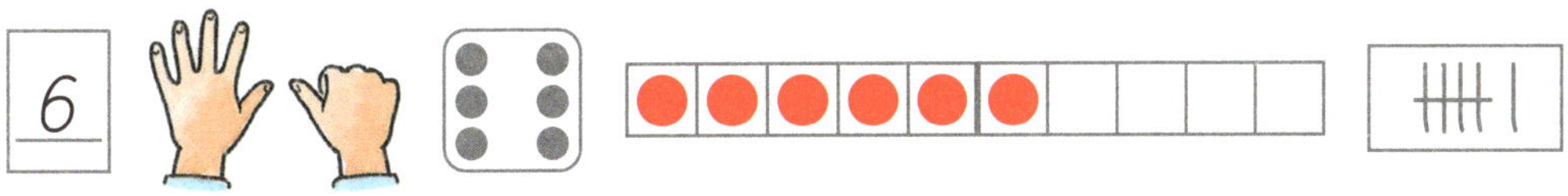

1 Immer sechs Shorts einkreisen.

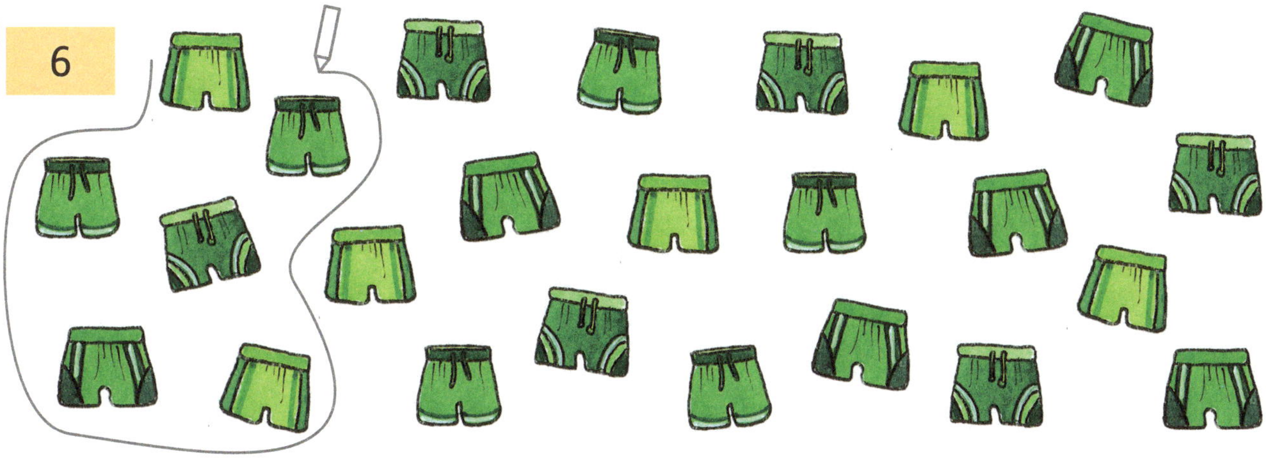

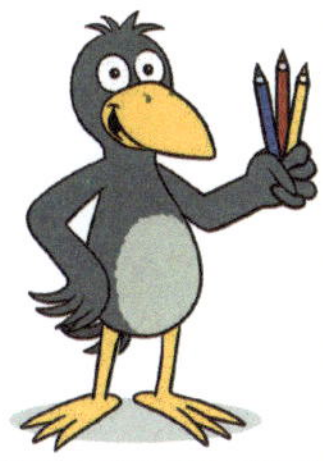

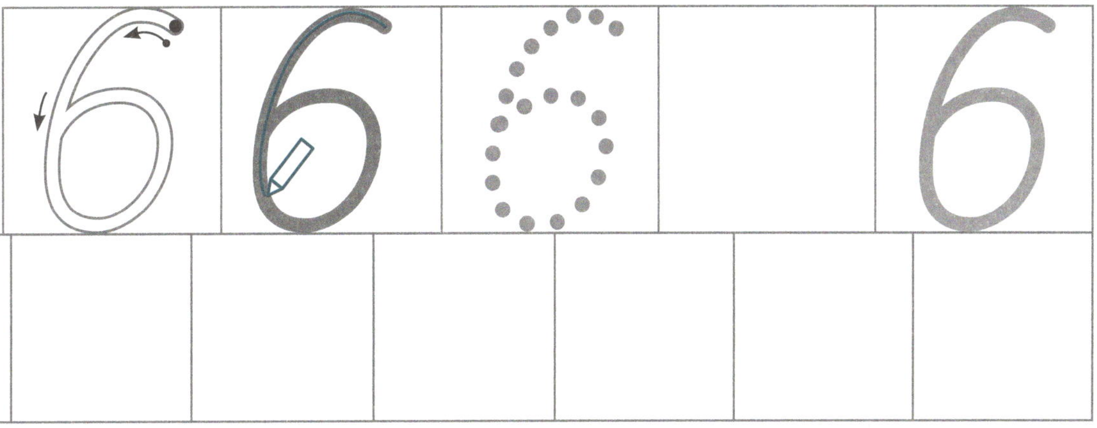

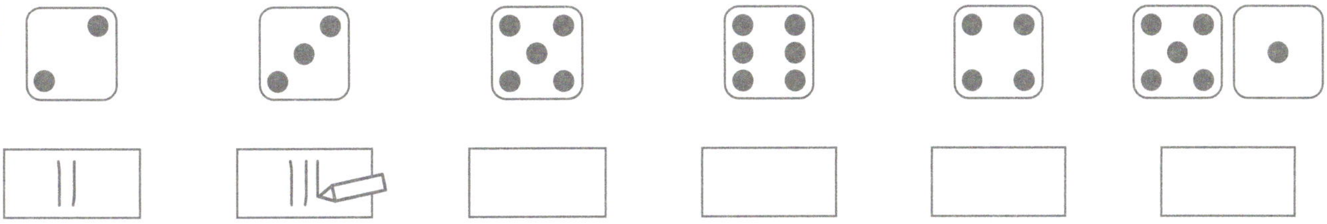

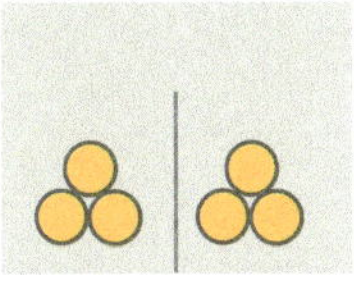

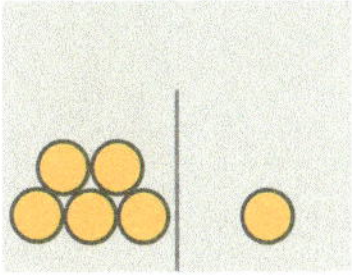

2 Die Ziffer farbig nachspuren. Weitere Schreibübungen durchführen.

3 Bekannte Zahlen als Würfelbild, als Zahl bzw. Strichliste darstellen. Verschiedene Würfeldarstellungen der 6 besprechen.

4 Zerlegungen notieren.

3 3   ___ ___   2 4   ___ ___

→ Arbeitsheft, Seite 7

15

Die Zahl 7

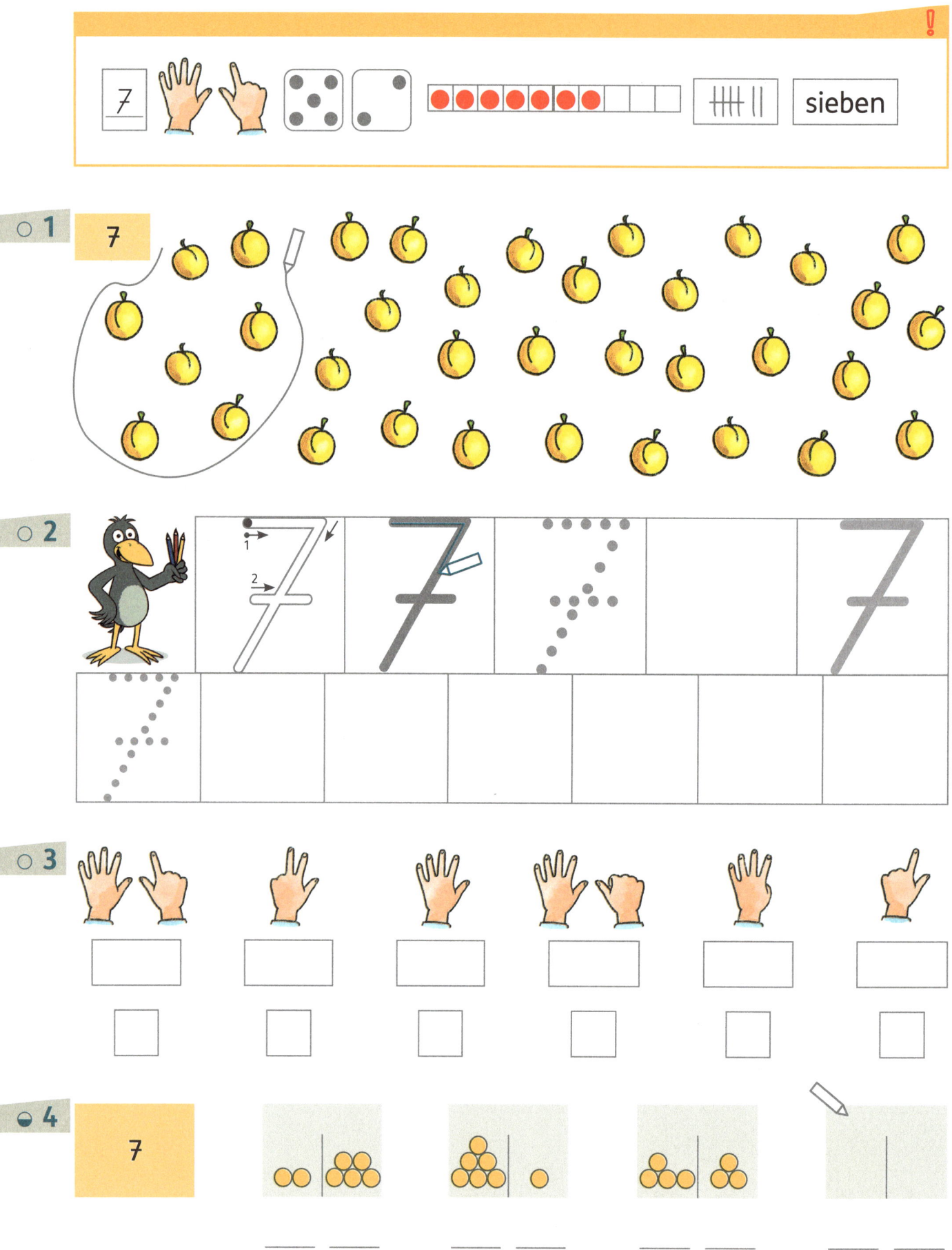

16 Die Zahl 7 und das Zahlwort kennenlernen. Mengen mit der Anzahl 7 im Klassenraum entdecken. **1** Immer sieben Aprikosen einkreisen. **2** Die Ziffer farbig nachspuren. Weitere Schreibübungen durchführen. **3** Zu vorgegebenen Fingerbildern Strichliste und Zahl notieren. **4** Zerlegungen notieren.

→ Arbeitsheft, Seite 8

Die Zahl 8

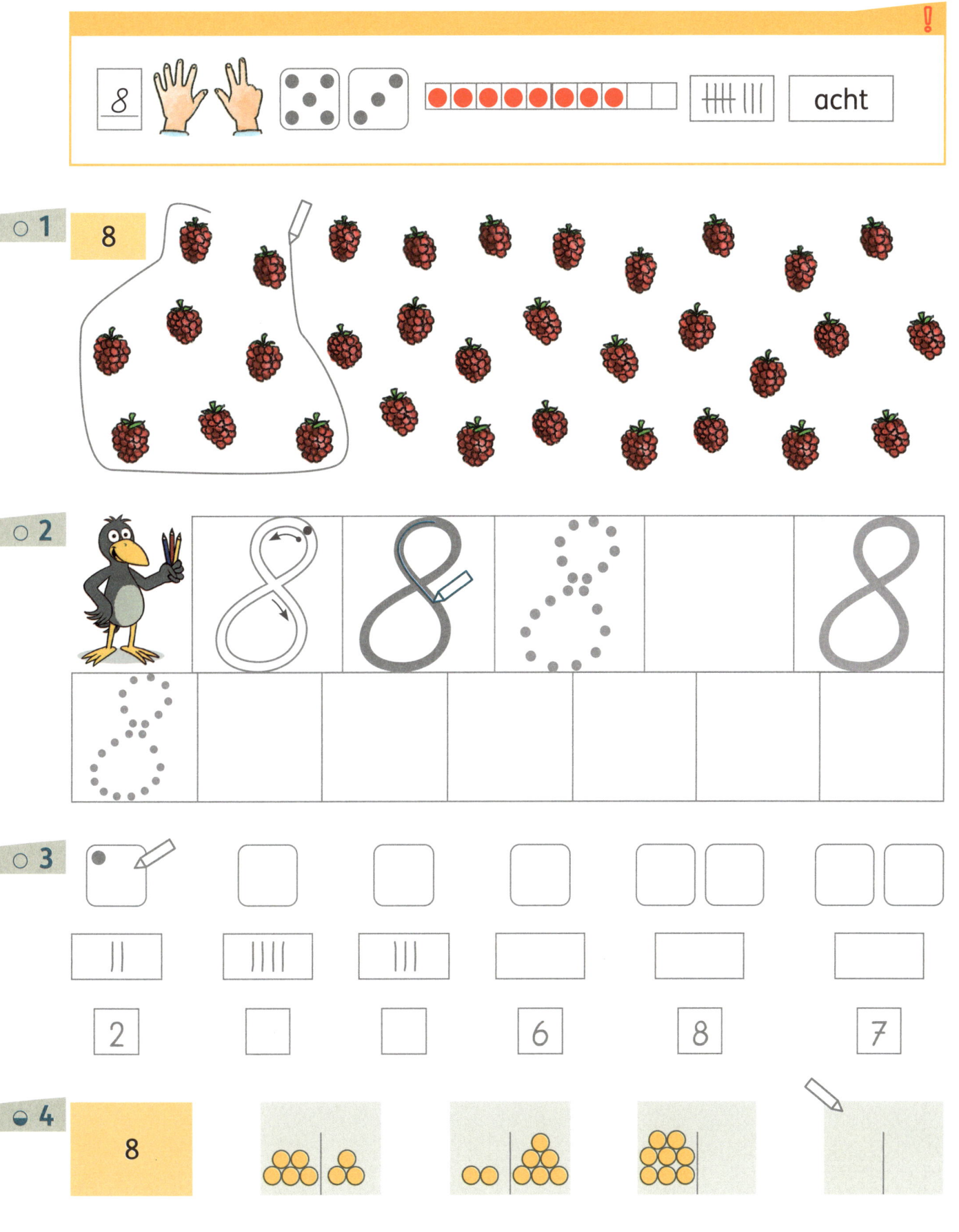

Die Zahl 8 und das Zahlwort kennenlernen. Mengen mit der Anzahl 8 im Klassenraum entdecken. **1** Immer acht Himbeeren einkreisen. **2** Die Ziffer farbig nachspuren. Weitere Schreibübungen durchführen. **3** Bekannte Zahlen als Würfelbild, als Zahl bzw. Strichliste darstellen. **4** Zerlegungen notieren.

→ Arbeitsheft, Seite 8

Die Zahl 9

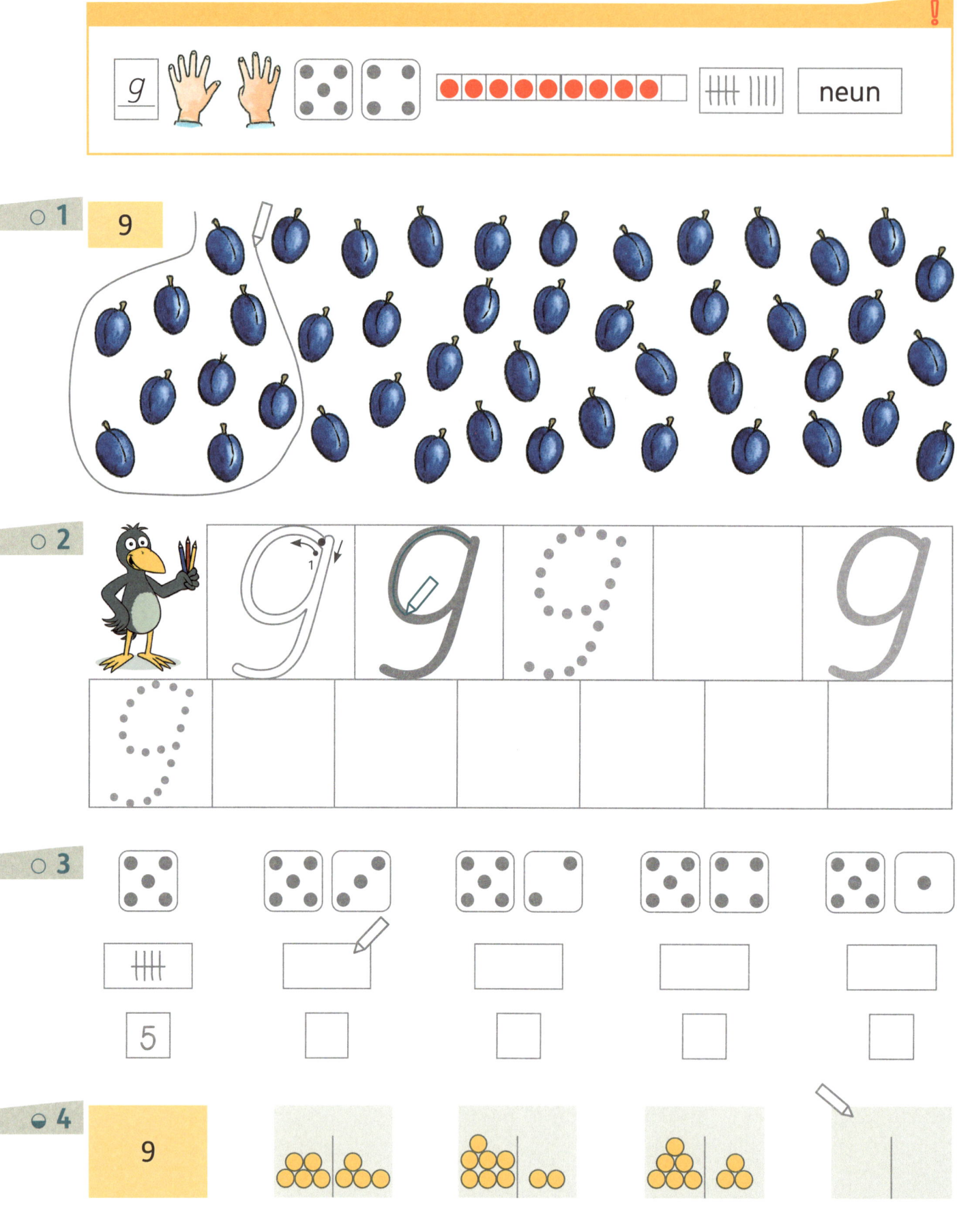

18 Die Zahl 9 und das Zahlwort kennenlernen. Mengen mit der Anzahl 9 im Klassenraum entdecken. **1** Immer neun Pflaumen einkreisen. **2** Die Ziffer farbig nachspuren. Weitere Schreibübungen durchführen. **3** Bekannte Zahlen als Würfelbild, als Zahl bzw. Strichliste darstellen. **4** Zerlegungen notieren.

→ Arbeitsheft, Seite 9

Die Zahl 10

1 10

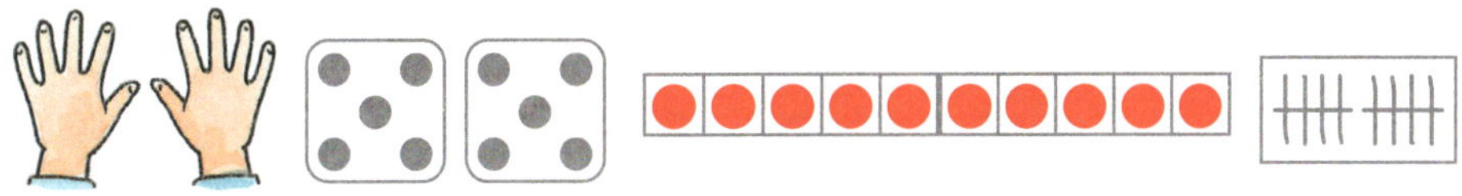

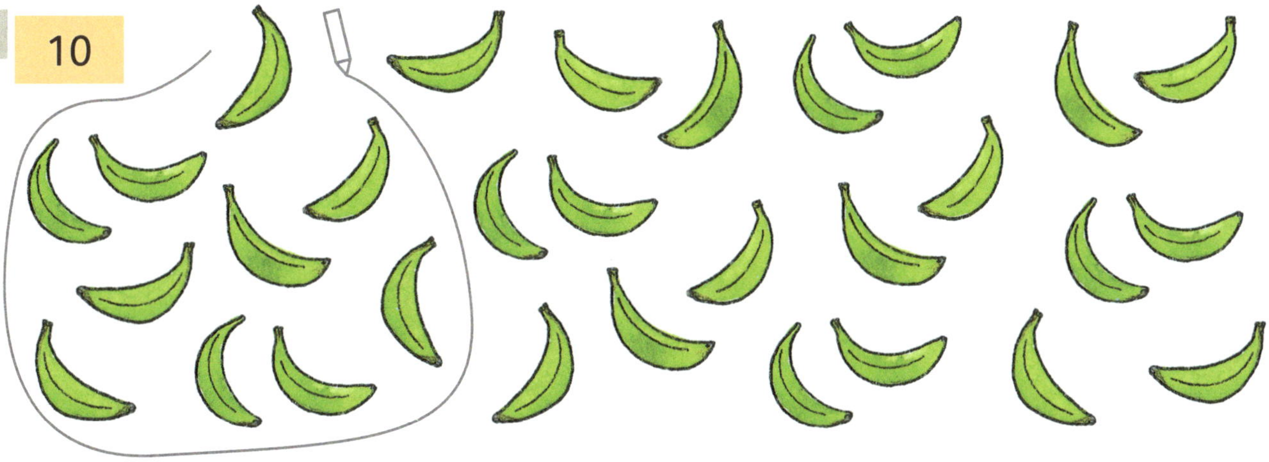

2

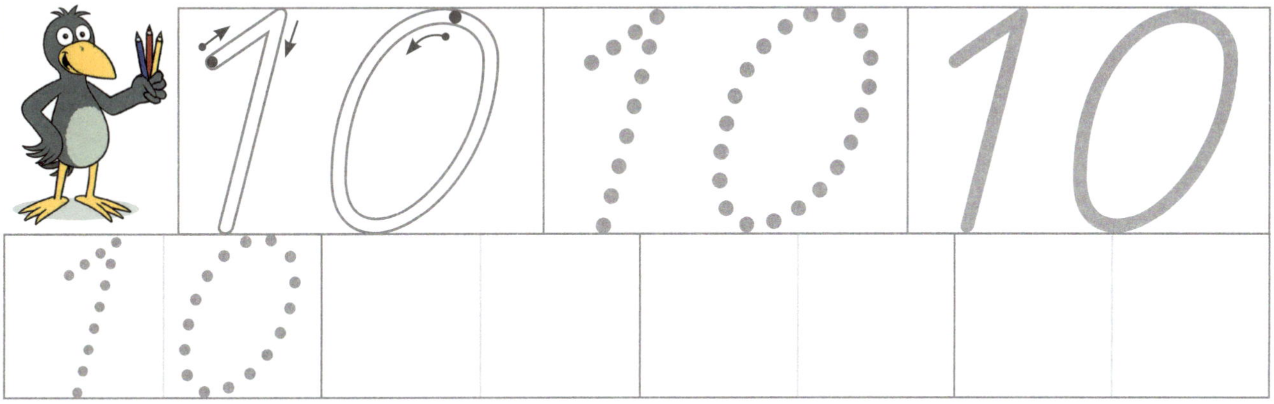

3

8

4 10

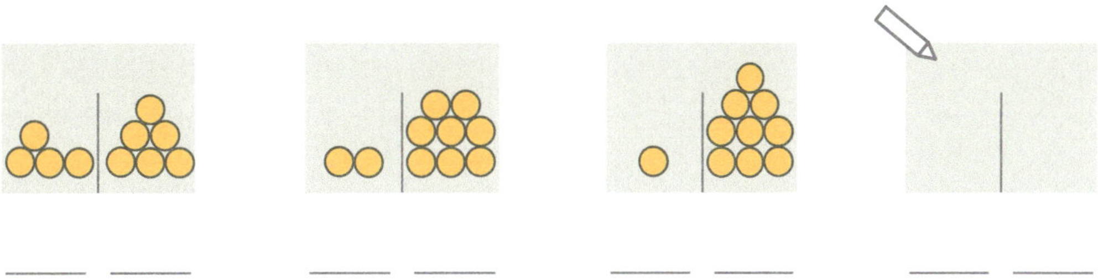

Die Zahl 10 und das Zahlwort kennenlernen. Mengen mit der Anzahl 10 im Klassenraum entdecken. **1** Immer zehn Bananen einkreisen. **2** Die Ziffer farbig nachspuren. Weitere Schreibübungen durchführen. **3** Zu vorgegebenen Fingerbildern Strichliste und Zahl notieren. **4** Zerlegungen notieren.

→ Arbeitsheft, Seite 9

Nachbarzahlen bis 10

1 Bin ich dein Nachbar?

2 Lege.

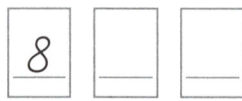

die Nachbarzahlen — 3, 4, 5 — der **V**orgänger, die **Z**ahl, der **N**achfolger

3

Vorgänger	Z	Nachfolger
1	2	
	3	
	4	
	5	

V	Z	N
	8	
	7	
	1	
	6	

V	Z	N
	9	
	2	
	5	
	3	

4

V	Z	N
2		
1		
5		
7		

V	Z	N
	2	
	6	
	5	
	10	

V	Z	N
	4	
0		
	9	
	6	

V	Z	N
8		
	5	
		8
	9	

1 Die Zahlenreihe von 0 bis 10 erarbeiten, ggf. die Null thematisieren. Begriffe „Vorgänger", „Nachfolger" und „Nachbarzahlen" einführen. Kinder, die mit der Links-Rechts-Orientierung Schwierigkeiten haben, können sich voreinander statt nebeneinander aufstellen. **2** Die Zahlenreihe mit Zahlenkarten legen und vervollständigen. **3, 4** Vorgänger und Nachfolger bestimmen.

→ Arbeitsheft, Seite 10

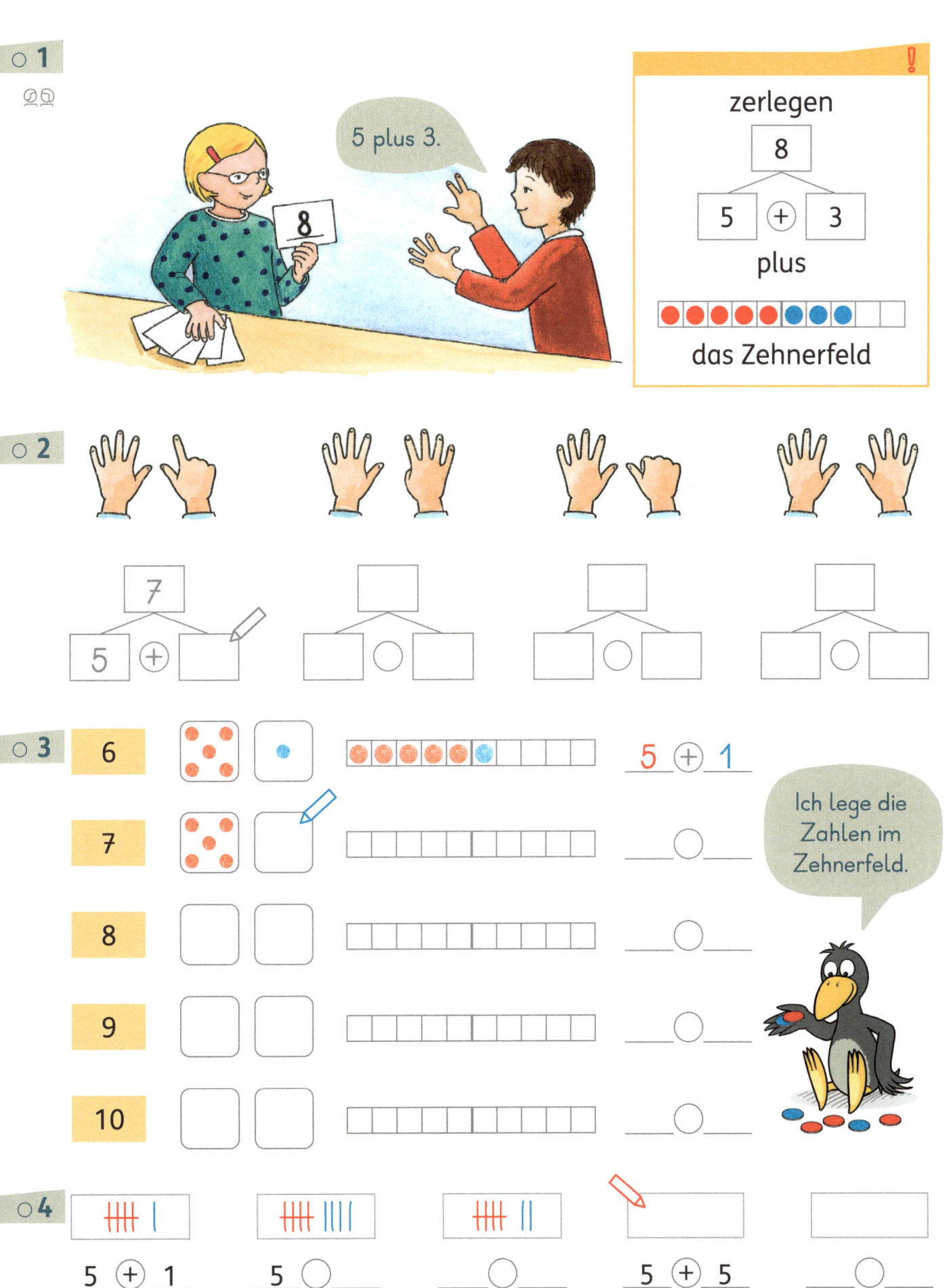

Anzahlen bestimmen

○ **1** Wie viele?

○ **2**

4

___

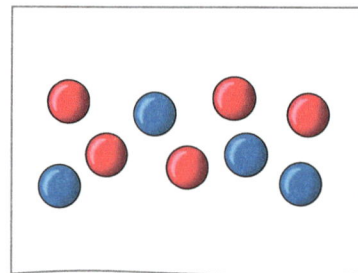

___

◐ **3**

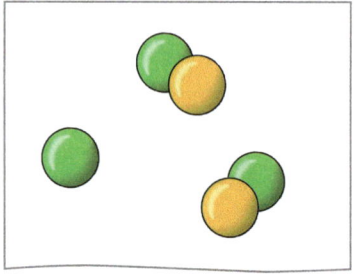

___

1 Strategien zur Anzahlbestimmung entdecken und versprachlichen. Situation nachspielen.   2, 3 Strukturierte und unstrukturierte Mengen erfassen. Anzahl notieren und über genutzte Strategien zur Anzahlerfassung sprechen.

→ Arbeitsheft, Seite 12

Anzahlen bestimmen

1 Wo kannst du leicht zählen? Kreuze an und zähle.

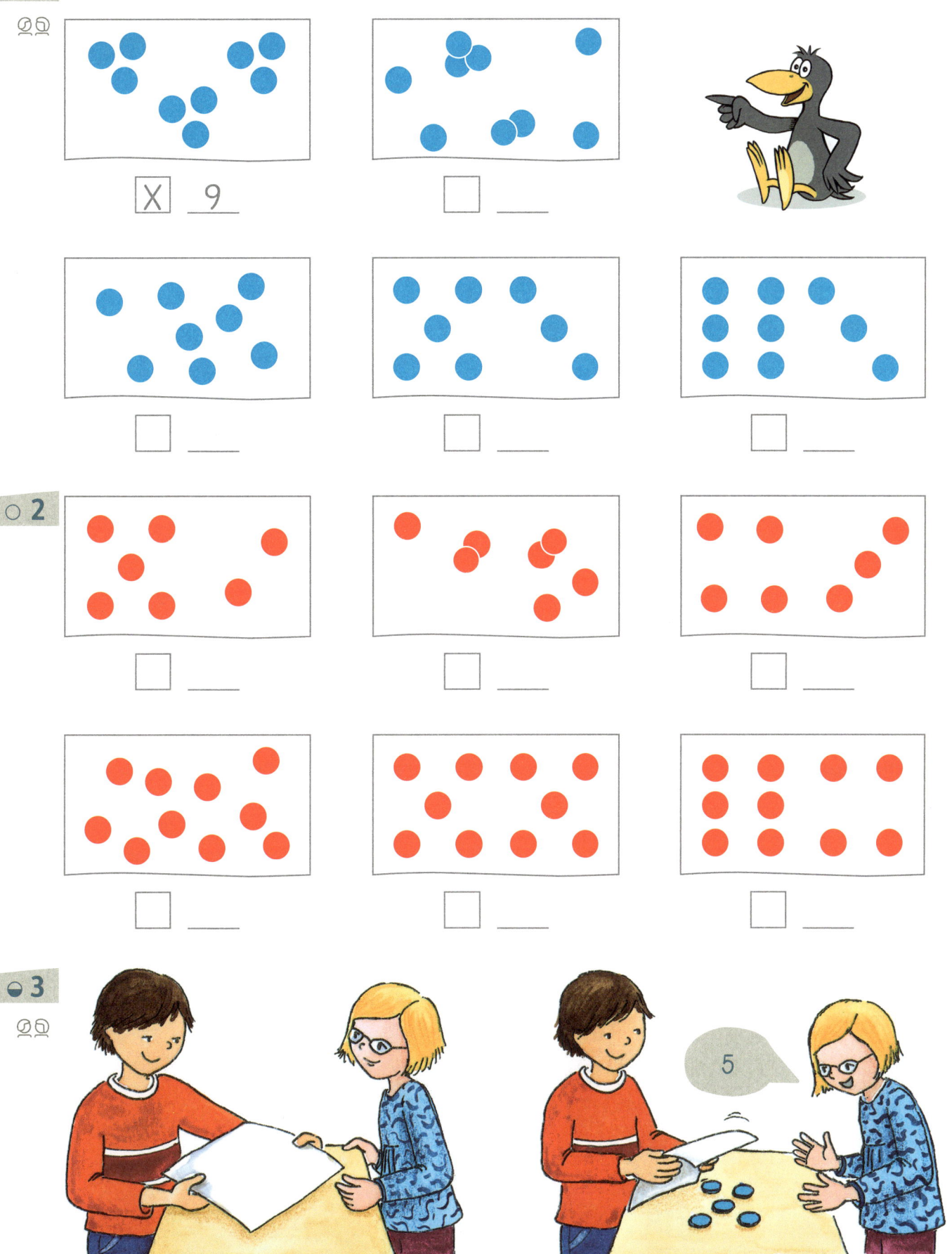

2

3

Anzahlen bestimmen

1 Immer 6. Lege und male.

2 Immer 5.

Immer ☐.

3

24   1, 2 Zahlenbilder zu den Zahlen 6 und 5 und zu eigenen Zahlen legen und malen. Perspektivwechsel besprechen.
3 Partnerarbeit mit Sichtschutz zwischen den Kindern: Kind 1 legt Plättchen in sein leeres Legefeld und beschreibt Kind 2 die Position. Kind 2 legt nach der Beschreibung die gleichen Plättchen in sein leeres Legefeld.

Zahlen bis 10 zerlegen

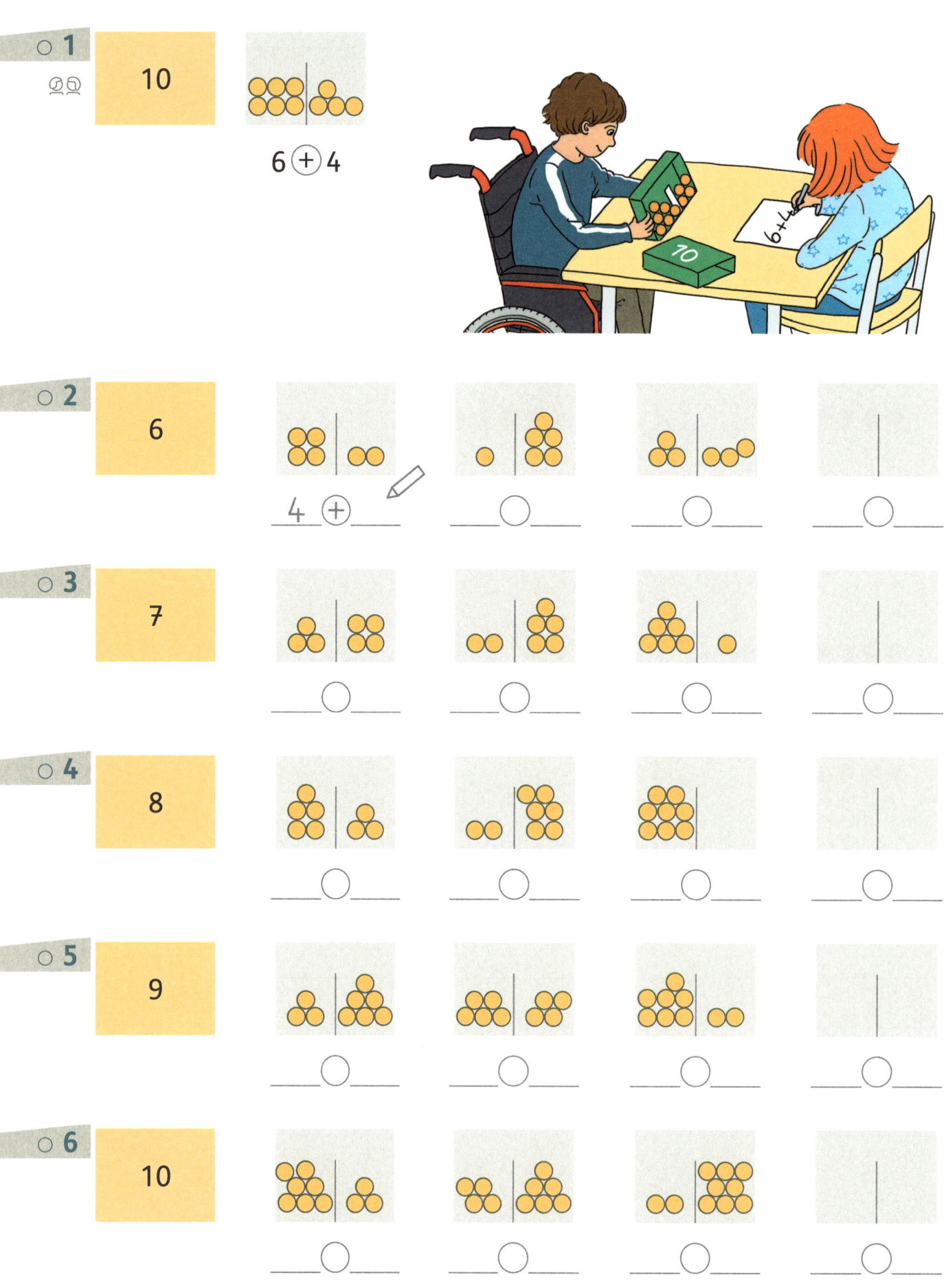

26

1 Partnerarbeit: Mit der Schüttelbox arbeiten. Zerlegung notieren. 2–6 Zerlegungen notieren und mögliche Zerlegungen selbst zeichnen.

→ Arbeitsheft, Seite 14

Zahlen bis 10 zerlegen

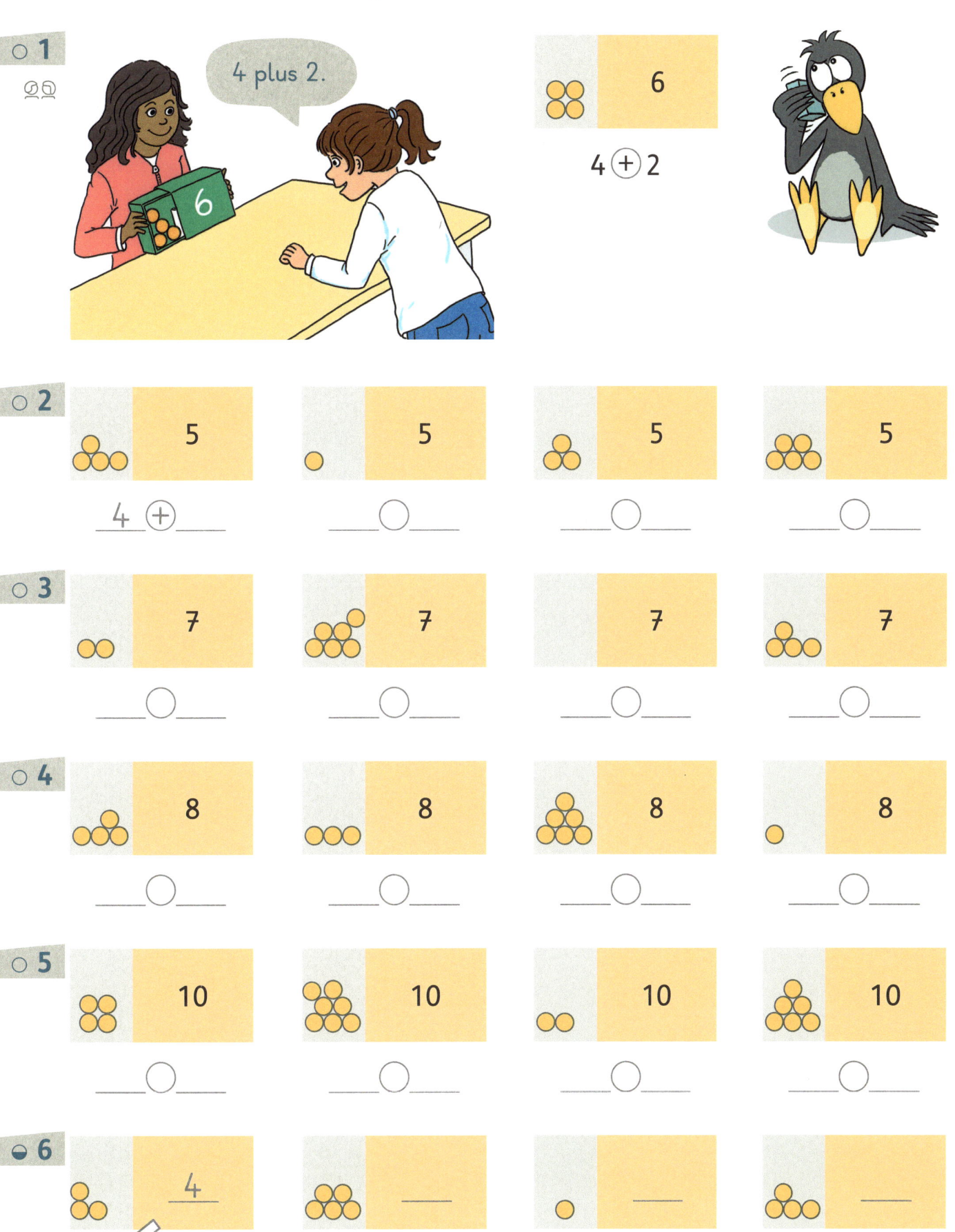

1 Partnerarbeit: Mit der Schüttelbox arbeiten. Anzahl der verdeckten Perlen bestimmen. Zerlegung versprachlichen.
2–5 Anzahl der verdeckten Perlen bestimmen. Zerlegung notieren.   6 Zerlegung zu selbst gewählten Zahlen notieren.

→ Arbeitsheft, Seite 14

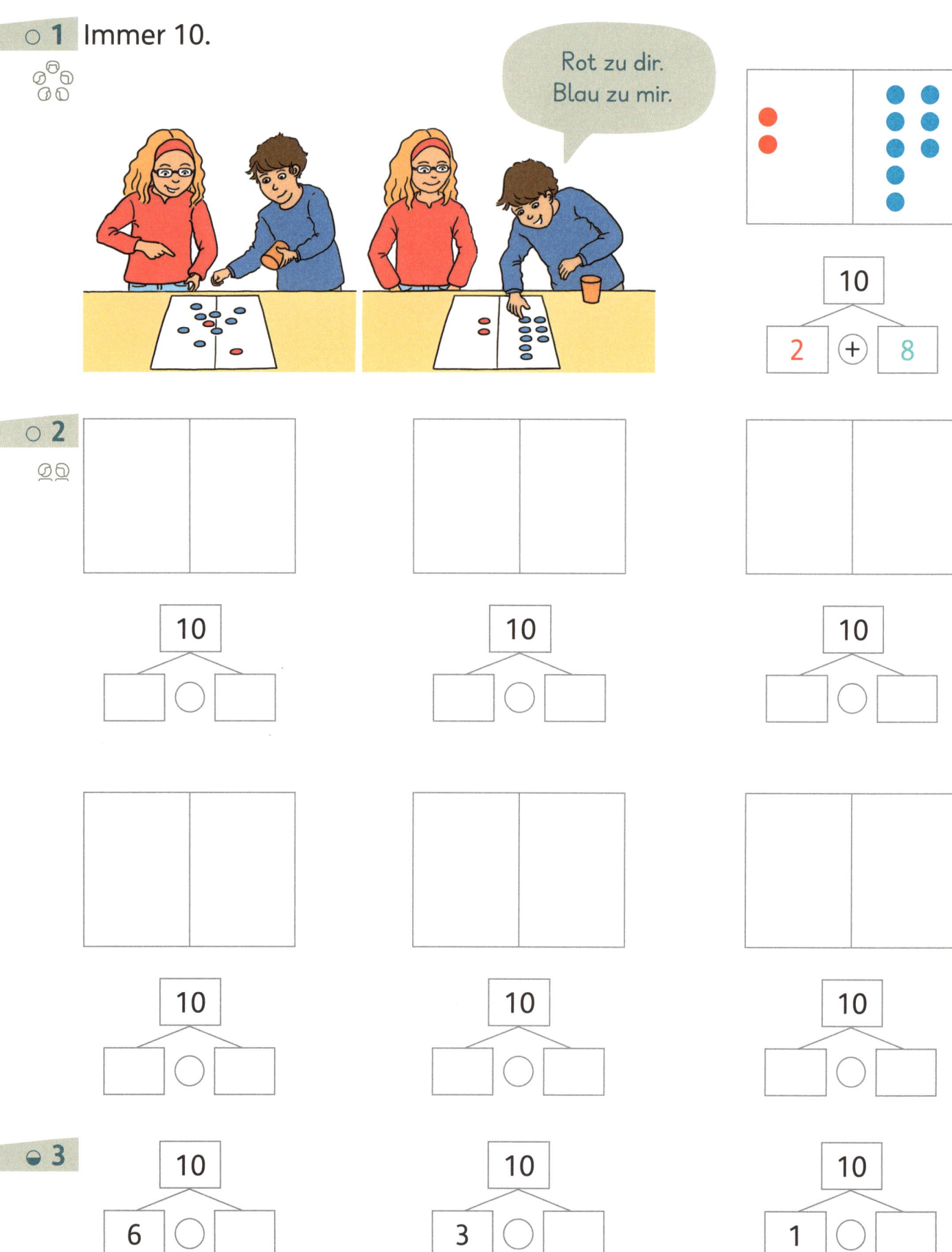

Zerlegung der 10

1

2 Immer 10. Färbe.

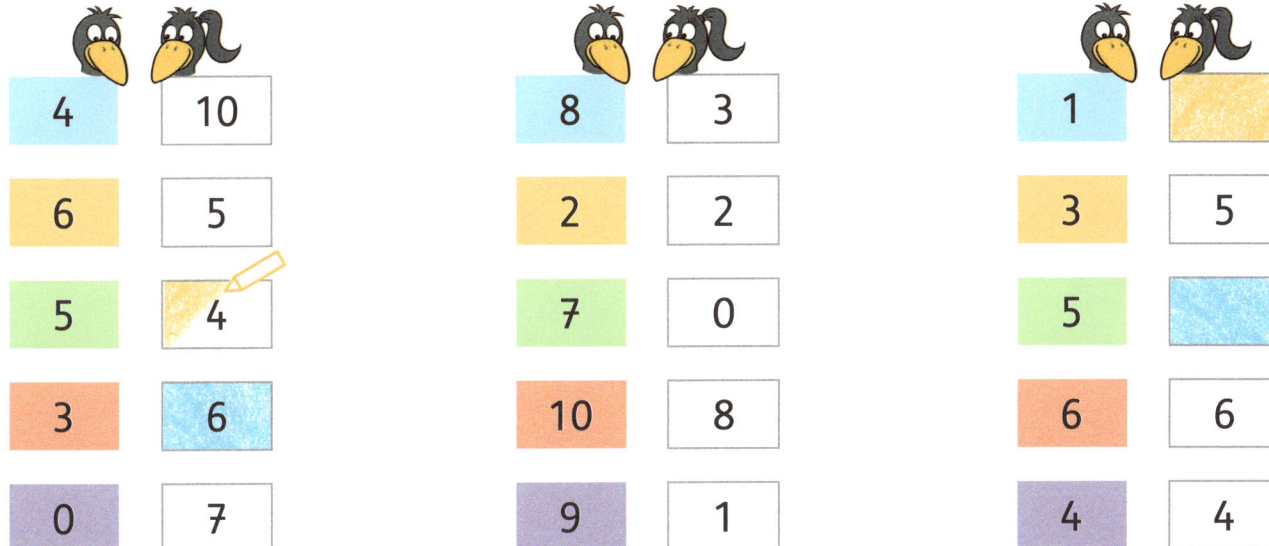

3 Immer 10.

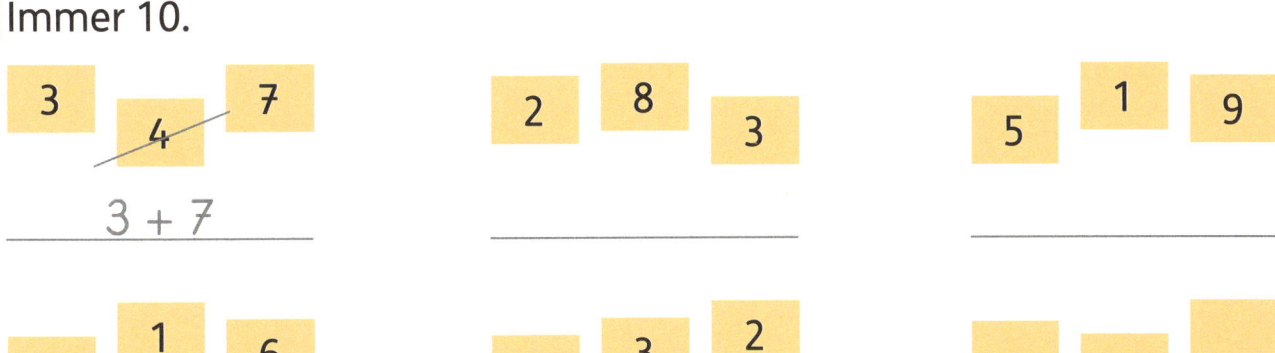

1 Spiel zum Zerlegen der 10 mit den Zahlenkarten in Partnerarbeit durchführen. 2 Jeweils zwei Karten passend färben, die zusammen 10 ergeben bzw. passende Zahl notieren. 3 Immer zwei Karten ergeben zusammen 10. Überflüssige Karte streichen, Term notieren. Eigene Aufgabe finden.

→ Arbeitsheft, Seite 15

Zerlegungshäuser

○ **1**

○ **2**

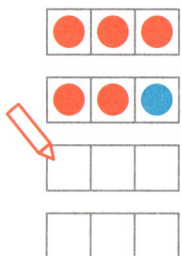

3	
🔴	🔵
3	0
2	

3

3 + 0

___ + ___

___ + ___

___ + ___

◐ **3**

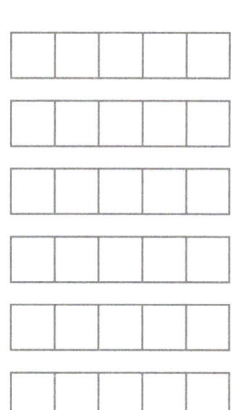

5	
🔴	🔵

5

___ + ___

___ + ___

___ + ___

___ + ___

___ + ___

___ + ___

30

1 Verschiedene Ergebnisse beim Plättchenwerfen sammeln. Zahlen im Zerlegungshaus eintragen. Die Vollständigkeit der Möglichkeiten prüfen und Systematik erkennen.   2 Einführung des Zerlegungshauses mit geordneter Darstellung.
2, 3 Zerlegungen in geordneter Plättchendarstellung einzeichnen, Tabelle und Haus ausfüllen.

→ Arbeitsheft, Seite 16

Zerlegungshäuser

1

House 4:
___ + ___
___ + ___
___ + ___
___ + ___
___ + ___

House 1:
1 + ___
___ + 1

House 2:
2 + ___
1 + ___
0 + ___

House 6:
6 + ___
5 + ___
4 + ___
___ + 3
___ + 4
___ + 5
___ + ___

2

House 9:
9 + ___
___ + 1
7 + ___
___ + 3
___ + ___
___ + ___
___ + ___
___ + ___
___ + ___

House 8:
8 + ___
___ + 1
___ + ___
___ + ___
___ + ___
___ + ___
___ + ___
___ + ___

House 7:
___ + ___
___ + ___
___ + ___
___ + ___
___ + ___
___ + ___
___ + ___
___ + ___

House 10:
___ + ___
___ + ___
___ + ___
___ + ___
___ + ___
___ + ___
___ + ___
___ + ___
___ + ___

1, 2 Zahlzerlegung systematisch notieren, ggf. mit Plättchen legen.

→ Arbeitsheft, Seite 16

Ordnungszahlen

32

1 Situation beschreiben und dabei Ordnungszahlen verwenden. Sprech- und Schreibweise von Ordnungszahlen klären. Ordnungszahlen notieren.   2 Die Ordnungszahlen mit den entsprechenden Kindern verbinden.   3 Die verschiedenen Stadien des Löwenzahns erkennen und die richtige Ordnungszahl darunter notieren.

→ Arbeitsheft, Seite 17

Zahlen vergleichen

1 < 3	4 > 2	3 = 3
1 ist kleiner als 3	4 ist größer als 2	3 gleich 3

2 Baue und schreibe.

2 < 3   __○__   __○__   __○__   __○__

3
2 < 5   5 ○ 4   1 ○ 2   10 ○ 5   6 ○ 6
2 ○ 4   5 ○ 5   6 ○ 3   9 ○ 6   1 ○ 0
2 ○ 3   5 ○ 6   3 ○ 4   7 ○ 5   0 ○ 8
2 ○ 2   5 ○ 7   4 ○ 5   8 ○ 9   4 ○ 10
2 ○ 1   5 ○ 8   7 ○ 7   6 ○ 8   5 ○ 1

4
3 = ___   4 = ___   8 = ___   6 = ___
3 < ___   4 < ___   8 < ___   6 < ___
3 < ___   4 < ___   8 < ___   6 < ___
3 > ___   4 > ___   8 > ___   6 > ___
___ > ___   ___ > ___   ___ > ___   ___ > ___

1 Anzahlen vergleichen. Dazu die Zeichen <, > und = sowie die Sprechweise einführen. Das Krokodil „schnappt" immer nach der größeren Anzahl. Das Maul erinnert an das Zeichen.   2 Türme mit Steckwürfeln nachbauen. Anzahlen vergleichen.
3 Zahlen vergleichen. Relationszeichen eintragen. Bei Bedarf mit Steckwürfeln bauen.   4 Passende Zahlen finden.

→ Arbeitsheft, Seite 18

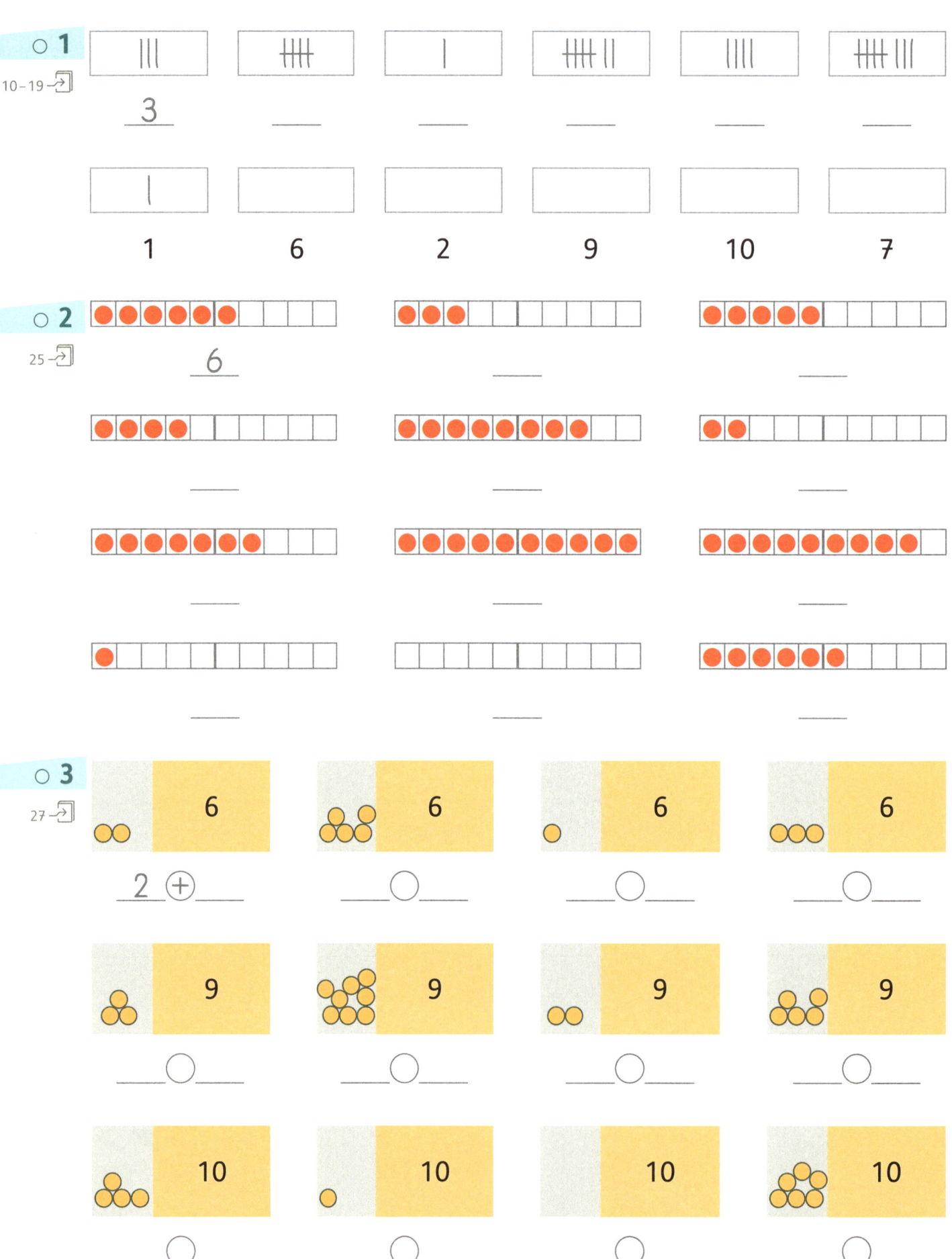

4 Immer 10.

1	7
8	9
3	2
6	4

4	10
5	3
0	6
7	5

10	
2	
9	
5	

5

☐ ☐ ☐ 1. ☐

6

V	Z	N
5	6	7
	3	
	1	
	8	

V	Z	N
	2	
	7	
	4	
	9	

V	Z	N
		6
1		
	10	
	5	

V	Z	N
		8
3		
		2
5		

7

5 < 7   8 ○ 4   3 ○ 9   10 ○ 0
5 ○ 3   4 ○ 8   2 ○ 2   9 ○ 10
5 ○ 5   6 ○ 1   7 ○ 4   10 ○ 8

5 ○ 1   1 ○ 6   8 ○ 9   5 ○ 10
5 ○ 9   3 ○ 3   9 ○ 6   10 ○ 1
5 ○ 4   9 ○ 7   2 ○ 8   4 ○ 10

4 Jeweils zwei Karten passend färben, die zusammen 10 ergeben, bzw. passende Zahl notieren. **5** Reihenfolge, in der das Bild gemalt wurde, feststellen. **6** Vorgänger und Nachfolger von Zahlen bestimmen. **7** Zahlen vergleichen. Die Zeichen <, > und = verwenden.

→ Arbeitsheft, Seite 19

Rückblick

○ 1

○ 2

36 1 Merkmale und Lage der Personen und Gegenstände beschreiben. Für die ausgewählten Merkmale Anzahl bestimmen und als Strichliste festhalten.   2 Muster nachlegen und fortführen. Beim Zeichnen kann es helfen, das Grundmuster zunächst zu markieren. Eigene Muster erfinden. Die Muster können auch in Partnerarbeit gelegt und versprachlicht werden.

Knobeln mit Formen

○ 1

○ 2

◐ 3

● 4

1–4 Das Muster so ergänzen, dass in einer Reihe entweder nur die gleiche Form (z. B. nur Kreise) oder nur eine Farbe (z. B. nur blaue Formen) vorkommen. 4 Hier gibt es jeweils zwei verschiedene Lösungen.

→ Arbeitsheft, Seite 20

Plus: Es werden mehr

○ 1

Findest du Rechengeschichten?

die Plusaufgabe

⬤⬤⬤⬤🔵🔵☐☐☐☐

4 + 2 = 6

plus   gleich

⬤⬤⬤⬤🔵🔵☐☐☐☐

4 + 2 = 6

○ 2

⬤⬤🔵🔵☐☐☐☐☐☐   ⬤⬤⬤⬤🔵🔵☐☐☐☐   ⬤⬤⬤🔵☐☐☐☐☐☐

_2_ + ___ = ___   ___ + ___ = ___   ___ + ___ = ___

○ 3

___ + ___ = ___   ___ + ___ = ___   ___ + ___ = ___

38 1–3 Rechengeschichten zu den Bildern erzählen. Additionsaufgaben entnehmen. Die dynamische Grundvorstellung der Addition kennenlernen (als Hinzukommen, Hinzufügen). Die Sprech- und Schreibweise der Addition einführen. Aufgaben mit Plättchen nachlegen, malen und notieren. Tipp: Die Bankmitte unterstützt die 5er-Struktur.

→ Arbeitsheft, Seite 21

Plus: Es werden mehr

1

___ + ___ = ___   ___ + ___ = ___   ___ + ___ = ___

2

___ + ___ = ___   ___ + ___ = ___   ___ + ___ = ___

3

_5_ + _4_ = ___   _3_ + ___ = ___   ___ + ___ = ___

Plusaufgaben finden

1 5 + 3 = ___   ___ + ___ = ___   ___ + ___ = ___

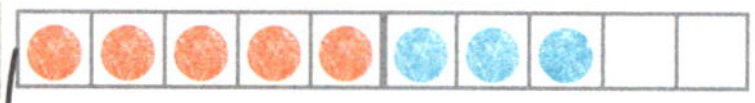

___ + ___ = ___

___ + ___ = ___

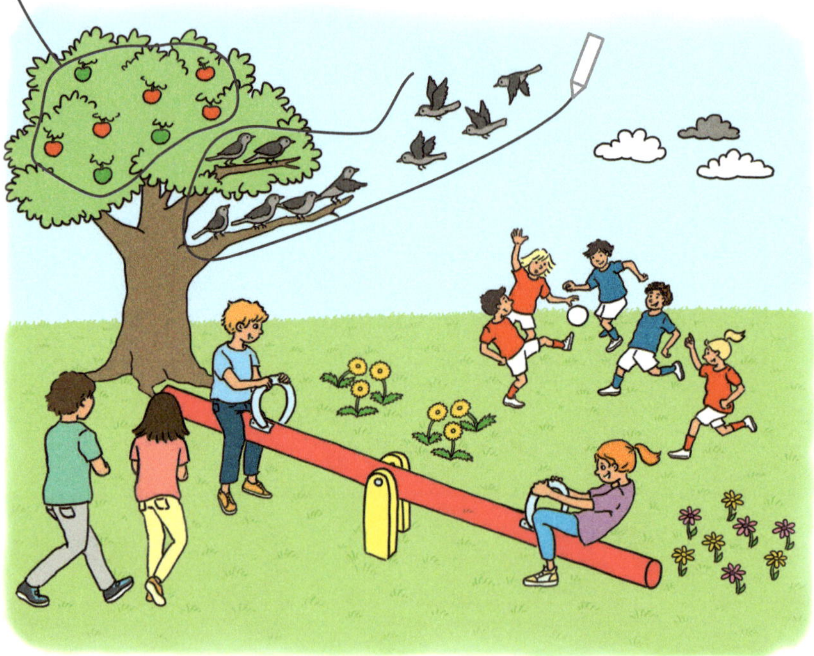

___ + ___ = ___

2 7 + 1 = ___   ___ + ___ = ___   ___ + ___ = ___

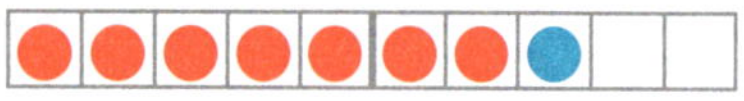

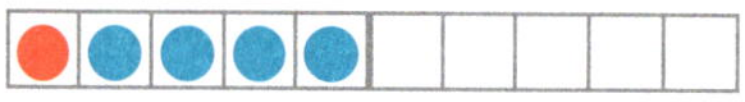

___ + ___ = ___   ___ + ___ = ___   ___ + ___ = ___

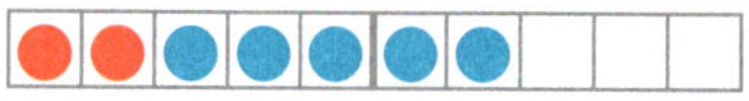

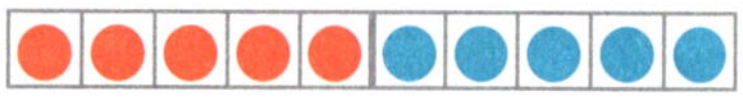

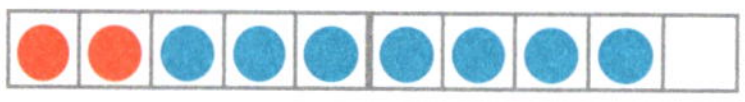

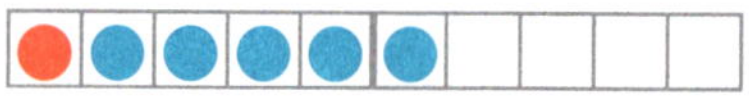

3   ___ + ___ = ___

___ + ___ = ___

___ + ___ = ___

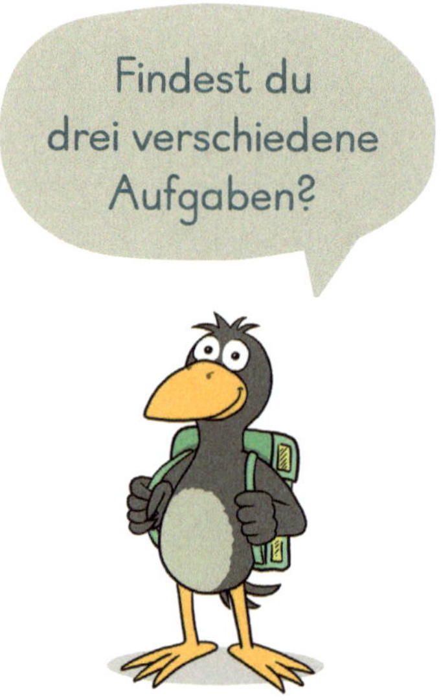

Findest du drei verschiedene Aufgaben?

Plusaufgaben üben

1

3 + 6 = ___   1 + 4 = ___   2 + 6 = ___

2 + 8 = ___   4 + 2 = ___   2 + 7 = ___

5 + 3 = ___   3 + 2 = ___   6 + 0 = ___

4 + 3 = ___   0 + 10 = ___   2 + 5 = ___

2

2 + 5 = ___   8 + 2 = ___   4 + 1 = ___   3 + 6 = ___

3 Rechne und kontrolliere. Eine Zahl bleibt jeweils übrig.

Ich kontrolliere mit den grünen Zahlen.

2 + 5 = 7	1 + 4 = ___	1 + 5 = ___
9 + 1 = ___	1 + 1 = ___	4 + 4 = ___
1 + 3 = ___	3 + 2 = ___	3 + 0 = ___
4 + 0 = ___	7 + 2 = ___	0 + 6 = ___
8 + 2 = ___	6 + 3 = ___	3 + 5 = ___
2 + 2 = ___	0 + 2 = ___	1 + 2 = ___

🔑 4 4 4 ~~7~~ 7 10 10   2 2 5 5 5 9 9   3 3 6 6 8 8 8

1 Additionsaufgaben legen, einzeichnen und die Lösung eintragen.   2 Jede Aufgabe mit einer passenden Rechengeschichte verbinden. Die Lösung eintragen und fehlendes Bild ergänzen.   3 Additionsaufgaben lösen, ggf. mit Plättchen legen, und mit den grünen Lösungszahlen selbst kontrollieren. Pro Päckchen bleibt eine Lösungszahl übrig.

→ Arbeitsheft, Seite 22/23

Tauschaufgaben

1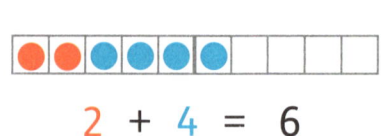

die Tauschaufgabe

2

3 + 5 = ___
5 + 3 = ___

1 + 6 = ___
6 + 1 = ___

2 + 7 = ___
7 + 2 = ___

2 + 6 = ___
___ + 2 = ___

3 + 7 = ___
___ + 3 = ___

5 + 2 = ___
___ + 5 = ___

3  Welche Aufgabe findest du einfacher?

2 + 8 = ___
8 + 2 = ___

3 + 4 = ___
___ + 3 = ___

4 + 5 = ___
___ + ___ = ___

0 + 3 = ___
___ + ___ = ___

1 + 7 = ___
___ + 1 = ___

1 + 8 = ___
___ + ___ = ___

4 + 2 = ___
___ + ___ = ___

2 + 1 = ___
___ + ___ = ___

3 + 2 = ___
___ + ___ = ___

4 + 6 = ___
___ + ___ = ___

1 Tauschaufgaben kennenlernen. Situation von oben und unten betrachten (ggf. Buch drehen). Aufgabe und Tauschaufgabe erfassen. 2 Aufgabe und Tauschaufgabe legen, zeichnen und ausrechnen. 3 Aufgabe und Tauschaufgabe ausrechnen, ggf. mit Plättchen legen. Einfache Aufgaben entdecken.

→ Arbeitsheft, Seite 24

Aufgabenrollen

1

"Die erste Zahl bleibt hier gleich."
"Die zweite Zahl wird immer …"
"Und das Ergebnis?"

2

3 + 1 = ___	4 + 6 = ___	0 + 6 = ___
3 + 2 = ___	4 + 5 = ___	1 + 6 = ___
3 + 3 = ___	4 + 4 = ___	2 + 6 = ___
3 + 4 = ___	4 + 3 = ___	___ + ___ = ___
3 + 5 = ___	___ + ___ = ___	___ + ___ = ___

3 Schreibe ins Heft und setze fort.

8 + 2	8 + 2 = 10	4 + 6	8 + 1
7 + 2	7 + 2 =	5 + 5	7 + 2
6 + 2	6 + 2 =	6 + 4	6 + 3

 4

		 **5**		
1 + 1	8 + 1		___ + 4	5 + ___
0 + 2	7 + 3		___ + 4	5 + ___
1 + 3	6 + 1		___ + 4	5 + ___

1, 2 Aufgabenrolle kennenlernen: mit Plättchen legen, rechnen, arithmetische Muster entdecken, erklären und fortführen. Besprechen, wie weit die Rolle fortgesetzt werden kann.   3–5 Rollen im Heft um drei Zeilen ergänzen. Heftführung besprechen, ggf. Datum, Seite, Aufgabennummer ergänzen.   5 Eigene Rollen finden (mehrere Möglichkeiten).

→ Arbeitsheft, Seite 25

Einfache Plusaufgaben

1

Aufgaben mit 0	Aufgaben mit Ergebnis 10	Aufgaben mit Verdoppeln
0 + 0 = ___	0 + 10 = ___	1 + 1 = ___
1 + 0 = ___	1 + 9 = ___	2 + 2 = ___
2 + 0 = ___	2 + 8 = ___	3 + 3 = ___
3 + 0 = ___	3 + 7 = ___	4 + 4 = ___
4 + 0 = ___	4 + 6 = ___	5 + 5 = ___

2

0 + 10	0 + 10 = 10	10 + 0
0 + 9	0 + 9 =	9 + 1
0 + 8		8 + 2
0 + 7		7 + 3
0 + 6		6 + 4

"Die einfachen Aufgaben kann ich auswendig."

3 Ordne und rechne.

8 + 0	5 + 0	7 + 0
6 + 0	9 + 0	4 + 0

9 + 0 = 9
8 +

5 + 5	4 + 4	3 + 3
1 + 1	0 + 0	2 + 2

0 + 0 =

2 + 8	1 + 9	3 + 7
6 + 4	4 + 6	5 + 5

1 + 9 =

Ergänzen

1

8 Kinder sollen es sein. Wie viele fehlen noch?

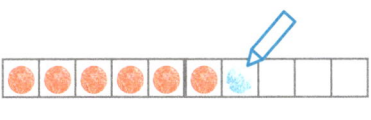

6 + ___ = 8

2

4 + ___ = 8   6 + ___ = 9   2 + ___ = 6

3

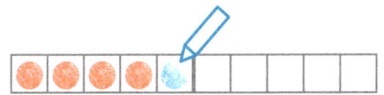

2 + ___ = 3   2 + ___ = 8   5 + ___ = 8

4 + ___ = 5   1 + ___ = 4   4 + ___ = 6

0 + ___ = 2   3 + ___ = 10   1 + ___ = 7

3 + ___ = 7   7 + ___ = 9   6 + ___ = 10

1, 2 Ergänzungsaufgaben im Bild finden, mit Plättchen legen, einzeichnen und lösen.
3 Ergänzungsaufgaben legen, einzeichnen und die Lösung eintragen.

Plusaufgaben und Ergänzen üben

1 Rechne und kontrolliere. Eine Zahl bleibt jeweils übrig.

4 + ___ = 5	4 + ___ = 7	0 + ___ = 6	4 + ___ = 9
0 + ___ = 9	5 + ___ = 6	2 + ___ = 6	2 + ___ = 9
0 + ___ = 7	3 + ___ = 7	1 + ___ = 5	2 + ___ = 7
6 + ___ = 7	6 + ___ = 9	2 + ___ = 7	5 + ___ = 8
3 + ___ = 8	4 + ___ = 6	1 + ___ = 8	4 + ___ = 8
8 + ___ = 9	5 + ___ = 9	3 + ___ = 6	1 + ___ = 9
1 1 1 5 7 9 9	1 1 2 3 3 4 4	3 4 4 5 6 6 7	3 4 5 5 6 7 8

2

___ + 2 = 9	___ + 5 = 7	___ + 4 = 8	___ + ___ = 10
___ + 7 = 9	___ + 0 = 7	___ + 3 = 8	___ + ___ = 10
___ + 5 = 9	___ + 2 = 7	___ + 2 = 8	___ + ___ = 10
___ + 1 = 9	___ + 4 = 7	___ + 5 = 8	___ + ___ = 10
___ + 0 = 9	___ + 6 = 7	___ + 8 = 8	___ + ___ = 10
___ + 4 = 9	___ + 3 = 7	___ + 7 = 8	___ + ___ = 10
2 3 4 5 7 8 9	1 2 3 4 5 6 7	0 1 2 3 4 5 6	

3 Rechne geschickt.

3 + 3 + 2 = ___	3 + 6 + 0 = ___	7 + 1 + 0 = ___
6 + 2 + 2 = ___	2 + 3 + 4 = ___	2 + 2 + 2 = ___
3 + 2 + 1 = ___	2 + 1 + 2 = ___	1 + 0 + 3 = ___
5 + 3 + 2 = ___	1 + 4 + 2 = ___	1 + 4 + 1 = ___
6 8 8 10 10	5 5 7 9 9	4 6 6 8 8

4

3 + 3 + ___ = 9	1 + 4 + ___ = 9	• ___ + ___ + ___ = 10
3 + 1 + ___ = 7	4 + 2 + ___ = 8	___ + ___ + ___ = 10
0 + 2 + ___ = 5	2 + 1 + ___ = 9	___ + ___ + ___ = 10
3 + 2 + ___ = 7	1 + 3 + ___ = 8	___ + ___ + ___ = 10
2 2 3 3 3	2 2 4 4 6	___ + ___ + ___ = 10

46

1, 2 Ergänzungsaufgaben lösen. 3, 4 Additionsaufgaben und Ergänzungsaufgaben mit drei Summanden lösen.
1–4 Mit den grünen Lösungszahlen selbst kontrollieren. Pro Päckchen bleibt eine Lösungszahl übrig. Die Aufgaben ggf. mit Plättchen legen. 4 Rechts der Differenzierungslinie: Eigene Aufgaben finden.

→ Arbeitsheft, Seite 27

Formen

1

das Dreieck
← die Ecke
← die Seite

Vierecke
das Rechteck   das Quadrat

der Kreis

2 Male aus.

3 Spure nach und zeichne zu Ende.

4 Zeichne.

---

1 Geometrische Grundformen erkennen und beschreiben (Viereck, Rechteck, Quadrat, Dreieck, Kreis). Fachbegriffe „Ecke" und „Seite" verwenden. „Fehler" im Bild finden und begründen (z. B. eckige Reifen).   **2** Grundformen entsprechend ausmalen.   **3** Formen nachspuren und ergänzen.   **4** Freihandzeichnungen anfertigen und ausmalen.

→ Arbeitsheft, Seite 28

Figuren legen

1 Lege aus.

Kannst du es auch anders auslegen?

2 Lege nach und zähle.

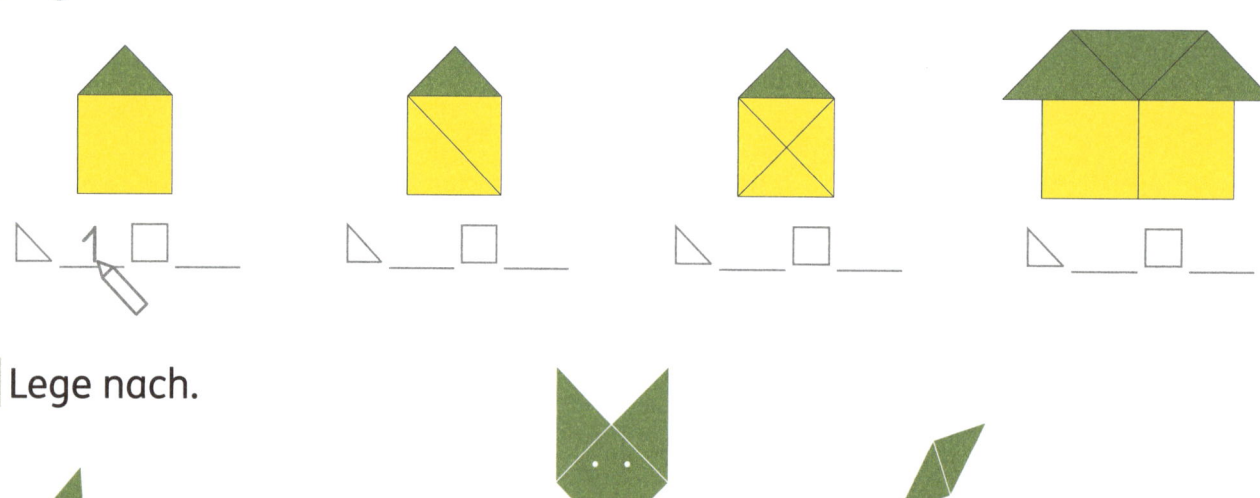

3 Lege nach.

1 Haus mit Geoplättchen unterschiedlich auslegen. 2 Gebäude nachlegen und die Anzahl der jeweils verwendeten Plättchen bestimmen. 3 Figuren nachlegen.

→ Arbeitsheft, Seite 29

Muster

1

2 Lege Muster. Wie geht es weiter?

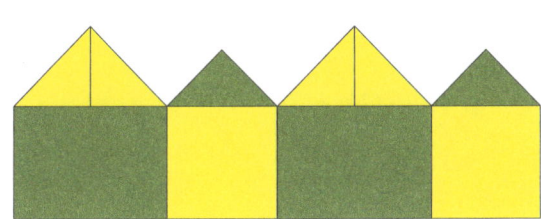 

3 Wie geht es weiter? Zeichne.

4 Zeichne eigene Muster.

Minus: Es werden weniger

○ 1

Findest du Rechengeschichten?

> die Minusaufgabe
>
> ●●●●⌀⌀☐☐☐☐
>
> 6 − 2 = 4
>
> minus   gleich

●●●●⌀⌀☐☐☐☐

6 − 2 = 4

○ 2

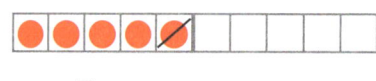

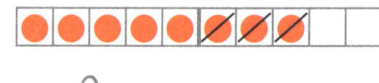

7 − ___ = ___   5 − ___ = ___   8 − ___ = ___

○ 3

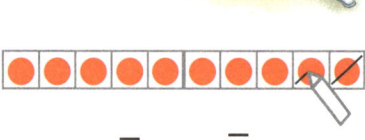

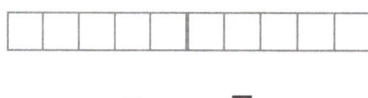

___ − ___ = ___   ___ − ___ = ___   ___ − ___ = ___

1–3 Rechengeschichten zu den Bildern erzählen. Subtraktionsaufgaben entnehmen. Die Sprech- und Schreibweise der Subtraktion einführen. Aufgaben mit Plättchen legen. Beim Legen werden die hier durchgestrichenen Plättchen weggeschoben.

→ Arbeitsheft, Seite 31

Minus: Es werden weniger

1

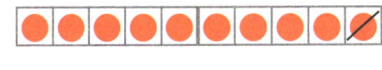

10 − 1 = ___

___ − ___ = ___

___ − ___ = ___

2

___ − ___ = ___

___ − ___ = ___

___ − ___ = ___

3

___ − ___ = ___
___ − ___ = ___

___ − ___ = ___
___ − ___ = ___

___ − ___ = ___
___ − ___ = ___

1, 2 Subtraktionsaufgaben erkennen. Aufgaben mit Plättchen legen und einzeichnen. Aufgaben schreiben und rechnen.
3 Es können jeweils verschiedene Aufgaben gebildet werden.

→ Arbeitsheft, Seite 31

Minusaufgaben finden

○ 1

9 − 5 = ___

___ − ___ = ___

___ − ___ = ___

___ − ___ = ___

___ − ___ = ___

___ − ___ = ___

○ 2

3 − 2 = ___

___ − ___ = ___

___ − ___ = ___

___ − ___ = ___

___ − ___ = ___

___ − ___ = ___

● 3

___ − ___ = ___

___ − ___ = ___

___ − ___ = ___

Findest du drei verschiedene Aufgaben?

52

1–3 Rechengeschichten erzählen. 1 Subtraktionsaufgaben im Bild finden, einkreisen und mit Zehnerfeld verbinden. Mit Plättchen legen, einzeichnen und rechnen. Alle möglichen Aufgaben sind erlaubt. 2 Subtraktionsaufgaben dem Zehnerfeld entnehmen. Mit Plättchen legen, schreiben und rechnen. 3 Verschiedene Aufgaben zu einem Bild finden.

→ Arbeitsheft, Seite 32

Minusaufgaben üben

○ 1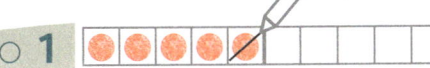

5 − 4 = ___   10 − 7 = ___   5 − 1 = ___

8 − 5 = ___   4 − 3 = ___   5 − 5 = ___

2 − 0 = ___   10 − 10 = ___   10 − 0 = ___

9 − 6 = ___   7 − 6 = ___   8 − 8 = ___

○ 2

9 − 5 = ___   8 − 2 = ___   9 − 6 = ___   8 − 4 = ___

○ 3 Rechne und kontrolliere. Eine Zahl bleibt jeweils übrig.

Ich kontrolliere selbst.

8 − 6 = _2_   6 − 0 = ___   7 − 2 = ___
6 − 1 = ___   3 − 3 = ___   8 − 1 = ___
9 − 1 = ___   10 − 6 = ___   7 − 0 = ___
9 − 7 = ___   7 − 7 = ___   10 − 9 = ___
5 − 0 = ___   4 − 0 = ___   6 − 5 = ___
8 − 3 = ___   9 − 3 = ___   9 − 2 = ___

🗝 2 2 5 5 5 8 8   0 0 0 4 4 6 6   1 1 5 5 7 7 7

1 Subtraktionsaufgaben legen, einzeichnen und die Lösung eintragen.   2 Jede Aufgabe mit einer passenden Rechengeschichte verbinden, die Lösung eintragen und fehlendes Bild ergänzen.   3 Subtraktionsaufgaben lösen, ggf. mit Plättchen legen, und mit den grünen Lösungszahlen kontrollieren. Pro Päckchen bleibt eine Lösungszahl übrig.

→ Arbeitsheft, Seite 32/33

Aufgabenrollen

1

2

7 − 0 = ___	10 − 8 = ___	10 − 4 = ___
7 − 1 = ___	10 − 7 = ___	9 − 4 = ___
7 − 2 = ___	10 − 6 = ___	8 − 4 = ___
7 − 3 = ___	10 − 5 = ___	___ − ___ =
7 − 4 = ___	___ − ___ =	___ − ___ =

3 Schreibe ins Heft und setze fort.

3 − 1	3 − 1 = 2	10 − 7	10 − 3
4 − 2	4 − 2 =	9 − 6	9 − 3
5 − 3	5 − 3 =	8 − 5	8 − 3

4

10 − 2	9 − 0
10 − 3	8 − 1
9 − 2	9 − 2

5

8 − ___	___ − ___
8 − ___	___ − ___
8 − ___	___ − ___

Umkehraufgaben

○ 1

$6 - 2 = 4$

$4 + 2 = 6$

die Umkehraufgabe

○ 2

$8 - 3 = \_\_$
$5 + 3 = 8$

$9 - 5 = \_\_$
$\_\_ + 5 = 9$

$7 - 5 = \_\_$
$\_\_ + 5 = 7$

$3 + 2 = \_\_$
$\_\_ - 2 = 3$

$2 + 6 = \_\_$
$\_\_ - 6 = 2$

$2 + 7 = \_\_$
$\_\_ - 7 = 2$

○ 3

$4 + 2 = \underline{6}$
$\underline{6} - 2 = \_\_$

$9 - 3 = \_\_$
$\_\_ + \_\_ = \_\_$

$1 + \_\_ = 5$
$\_\_ - \_\_ = \_\_$

$7 + 0 = \_\_$
$\_\_ - 0 = \_\_$

$4 - 3 = \_\_$
$\_\_ + \_\_ = \_\_$

$\_\_ + 2 = 4$
$\_\_ - \_\_ = \_\_$

$8 + 2 = \_\_$
$\_\_ - 2 = \_\_$

$6 - 3 = \_\_$
$\_\_ + \_\_ = \_\_$

$10 - \_\_ = 4$
$\_\_ + \_\_ = \_\_$

1 Zum Bild erzählen, nachspielen, Aufgabe und Umkehraufgabe erfassen.   **2** Aufgabe und Umkehraufgabe legen, zeichnen und ausrechnen.   **3** Aufgabe und Umkehraufgabe ausrechnen, ggf. mit Plättchen legen.

→ Arbeitsheft, Seite 35

Zahlenmauern

○ 1

die Zahlenmauer

3
1 2

1 + 2 = 3

○ 2

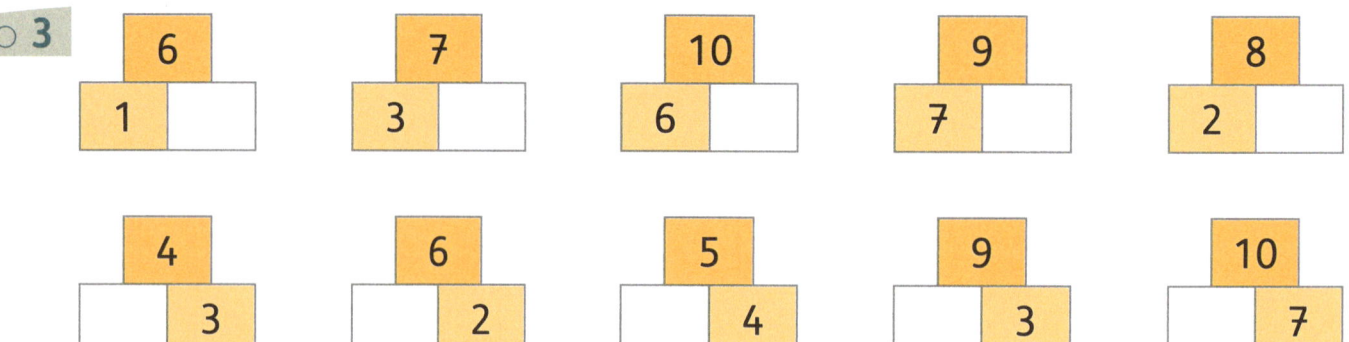

○ 3

○ 4 Finde verschiedene Mauern.

1 Aufbau der Zahlenmauern entdecken, ggf. mit Bausteinen oder Kartons bauen. Fehlende Zahlen ergänzen. 2, 3 Fehlende Zahlen auf den Steinen eintragen.   4 Aus den sechs Zahlen Mauern bauen. Dabei können die Zahlenkarten als Hilfe verwendet werden. Lösungen notieren, ggf. KV nutzen. Hier gibt es 10 Möglichkeiten.

→ Arbeitsheft, Seite 36

Minusaufgaben üben

1 5 − ___ = 2

2 Plättchen sollen übrig bleiben. Wie viele muss ich wegnehmen?

2

6 − ___ = 3	9 − ___ = 7	9 − ___ = 4	8 − ___ = 1
5 − ___ = 0	10 − ___ = 4	8 − ___ = 8	7 − ___ = 0
9 − ___ = 2	7 − ___ = 1	8 − ___ = 4	4 − ___ = 1
8 − ___ = 3	10 − ___ = 2	0 − ___ = 0	9 − ___ = 6
4 − ___ = 2	6 − ___ = 4	5 − ___ = 2	3 − ___ = 1
9 − ___ = 5	10 − ___ = 8	8 − ___ = 7	8 − ___ = 6

3 Nutze die Umkehraufgabe.

3 + 5 = _
_ − 5 = 3

8 − 5 = 3	___ − 3 = 3	___ − 4 = 4
___ − 1 = 4	___ − 7 = 3	___ − 6 = 3
___ − 9 = 0	___ − 1 = 2	___ − 8 = 2
___ − 2 = 6	___ − 0 = 6	___ − 2 = 4
___ − 7 = 2	___ − 6 = 1	___ − 7 = 1

4 Rechne und kontrolliere. Eine Zahl bleibt jeweils übrig.

7 − 1 − 1 = ___	10 − 5 − 3 = ___	4 − 0 − 1 = ___
8 − 3 − 2 = ___	10 − 2 − 4 = ___	10 − 2 − 2 = ___
6 − 4 − 1 = ___	7 − 3 − 0 = ___	7 − 1 − 4 = ___
9 − 3 − 3 = ___	5 − 2 − 3 = ___	9 − 0 − 7 = ___
7 − 4 − 2 = ___	6 − 0 − 6 = ___	9 − 2 − 1 = ___

 1 1 3 3 5 5   0 0 2 2 4 4   2 2 3 3 6 6

1–3 Platzhalteraufgaben lösen. Eventuell Aufgaben mit Plättchen im Zehnerfeld legen. 4 Subtraktionsaufgaben mit zwei Subtrahenden lösen. 3, 4 Mit den grünen Lösungszahlen kontrollieren. Pro Päckchen bleibt eine Lösungszahl übrig.

→ Arbeitsheft, Seite 37

Wiederholung

1

___ + ___ = ___   ___ − ___ = ___

2 Rechne auch die Tauschaufgabe.

2 + 3 = ___   7 + 3 = ___   4 + 5 = ___   2 + 5 = ___
3 + 2 = ___   ___ + ___ = ___   ___ + ___ = ___   ___ + ___ = ___

3 + 6 = ___   2 + 8 = ___   2 + 6 = ___   0 + 6 = ___
6 + 3 = ___   ___ + ___ = ___   ___ + ___ = ___   ___ + ___ = ___

3

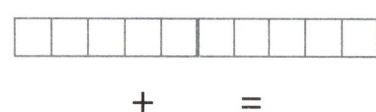

4 Kontrolliere mit der Umkehraufgabe.

7 − 4 = ___   9 − 2 = ___   8 − 6 = ___   10 − 3 = ___
3 + 4 = ___   ___ + ___ = ___   ___ + ___ = ___   ___ + ___ = ___

5 + 4 = ___   3 + 6 = ___   8 + 2 = ___   1 + 9 = ___
9 − 4 = ___   ___ − ___ = ___   ___ − ___ = ___   ___ − ___ = ___

1 Additions- und Subtraktionsaufgabe erkennen. Die Aufgabe im Zehnerfeld einzeichnen. Aufgabe schreiben und rechnen.
2 Aufgabe und Tauschaufgabe ausrechnen.   3 Muster erkennen und fortsetzen.   4 Aufgabe und Umkehraufgabe ausrechnen.

→ Arbeitsheft, Seite 38

○ 5

| 1 | 7 | | 3 | 2 | | 5 | 2 | | 3 | 4 |

| | 10 | | | 5 | | | 9 | | | 10 |
| 8 | | | | 0 | | 8 | | | 3 | |

○ 6

9 + ___ = 10   8 − ___ = 3   5 + ___ = 10
2 + ___ = 6   9 − ___ = 7   6 − ___ = 5
0 + ___ = 7   6 − ___ = 3   5 + ___ = 7
6 + ___ = 8   10 − ___ = 10   9 − ___ = 1

🔑 1 2 4 6 7   0 2 3 4 5   1 2 5 6 8

● 7

1 + 4 + 3 = ___   2 + 2 + 2 = ___   1 + 4 + 2 = ___
7 + 2 + 0 = ___   4 + 1 + 5 = ___   2 + 3 + 5 = ___
1 + 6 + 2 = ___   6 + 1 + 1 = ___   1 + 7 + 2 = ___

🔑 8 9 9 10   6 8 9 10   7 9 10 10

● 8

8 − 2 − 4 = ___   10 − 0 − 8 = ___   7 − 2 − 3 = ___
9 − 6 − 2 = ___   6 − 5 − 1 = ___   9 − 5 − 1 = ___
8 − 5 − 1 = ___   9 − 4 − 4 = ___   10 − 0 − 6 = ___

🔑 0 1 2 2   0 1 2 3   1 2 3 4

● 9

4 + 2 = ___   7 + 1 = ___   4 + 5 = ___
5 − 2 = ___   1 + 2 = ___   9 − 4 = ___
6 + 2 = ___   6 + 3 = ___   5 + 3 = ___
7 − 2 = ___   2 + 4 = ___   8 − 2 = ___

_____   _____   _____
_____   _____   _____

5 Fehlende Zahlen auf den Steinen eintragen.   6–8 Additions- und Subtraktionsaufgaben lösen und mit den Lösungszahlen kontrollieren. Pro Päckchen bleibt eine Zahl übrig.   9 Aufgabenrollen bearbeiten. Muster entdecken und fortführen.

→ Arbeitsheft, Seite 38

Rückblick

1 links rechts

☐ ☐ ☐ ☐ ☐ ☐

2

V	Z	N
	5	
	7	
	3	
	8	

V	Z	N
	2	
	4	
	9	
	1	

V	Z	N
	1	
		6
	6	
		7

V	Z	N
	2	
		8
	0	
		10

3

 3   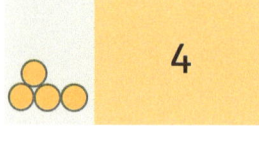 4   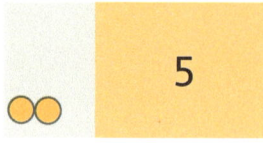 5   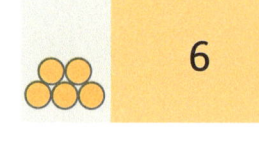 6

___ + ___   ___ + ___   ___ + ___   ___ + ___

 7   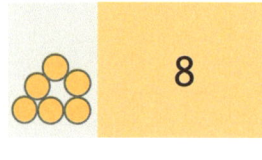 8   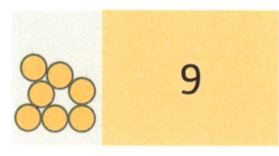 9   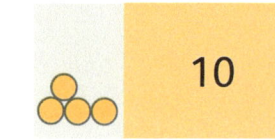 10

___ + ___   ___ + ___   ___ + ___   ___ + ___

4 Vergleiche.

5 > 3   8 ◯ 1   5 ◯ 5   7 = ___   2 = ___
1 ◯ 9   4 ◯ 4   10 ◯ 3   7 < ___   2 < ___
3 ◯ 7   0 ◯ 6   7 ◯ 6   7 < ___   2 < ___
4 ◯ 2   2 ◯ 2   0 ◯ 10   7 > ___   2 > ___
0 ◯ 0   5 ◯ 9   1 ◯ 6   7 > ___   2 > ___

1 Linke / rechte Hand bzw. Bein aus der Perspektive der Kinder erkennen und entsprechend lila bzw. rot färben.
2 Vorgänger und Nachfolger von Zahlen bestimmen.   3 Anzahlen der verdeckten Perlen bestimmen, Zerlegung notieren.
4 Zahlen vergleichen. Die Zeichen <, > und = verwenden. Passende Zahlen finden.

Knobeln mit Formen

1 Welche Figur wurde zerschnitten? Kreuze an.

2

3

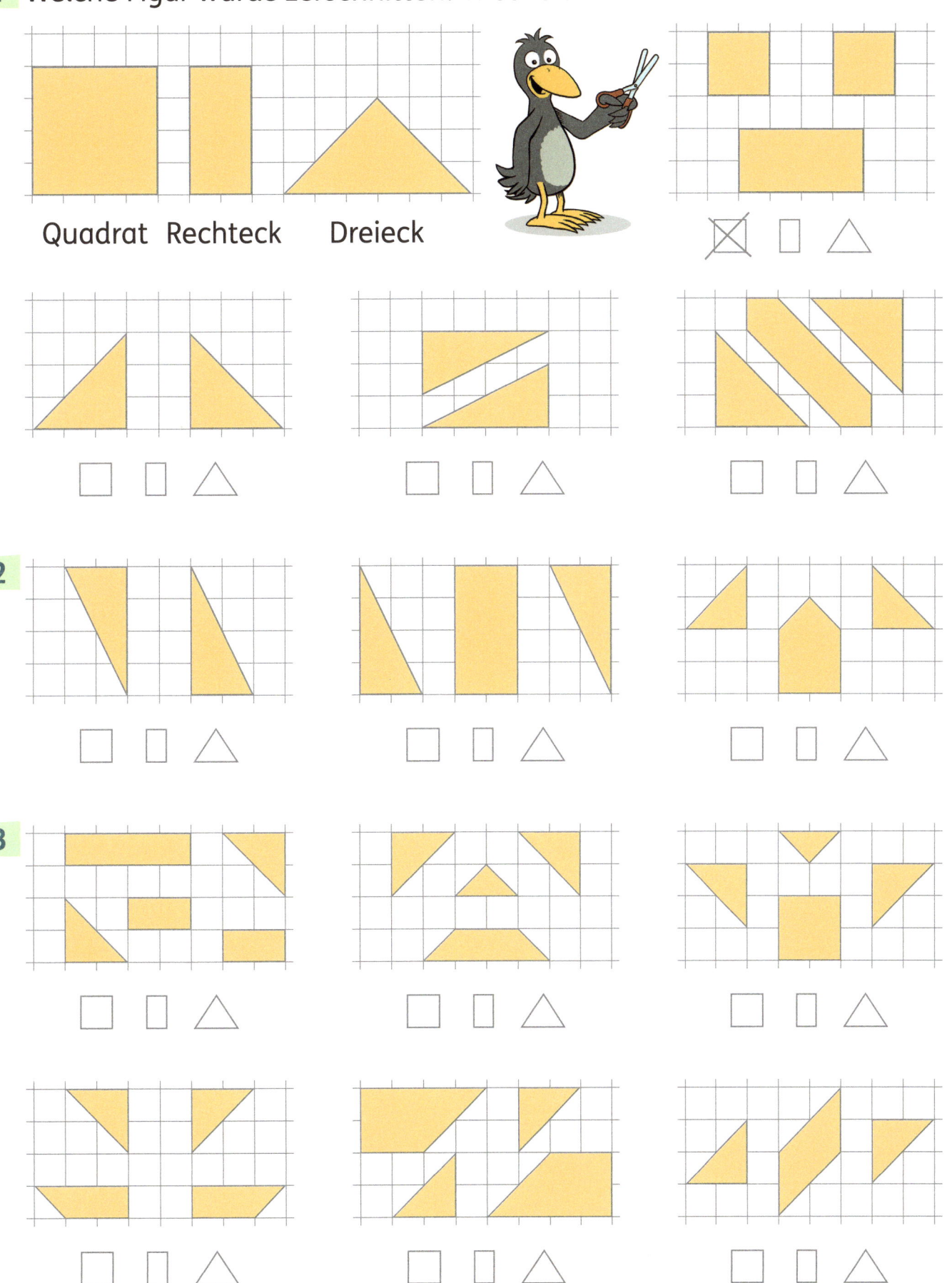

1–3 Die Figuren (Quadrat, Rechteck, Dreieck) wurden auf mehrere Arten zerschnitten. Die Kinder fügen die Puzzleteile jeweils in der Vorstellung zur Ausgangsfigur zusammen und kreuzen die entsprechende Figur an. Teilweise sind mehrere Lösungen möglich. Das kann als Gesprächsanlass genutzt werden.

→ Arbeitsheft, Seite 39

Die Zahlen bis 20

○ 1

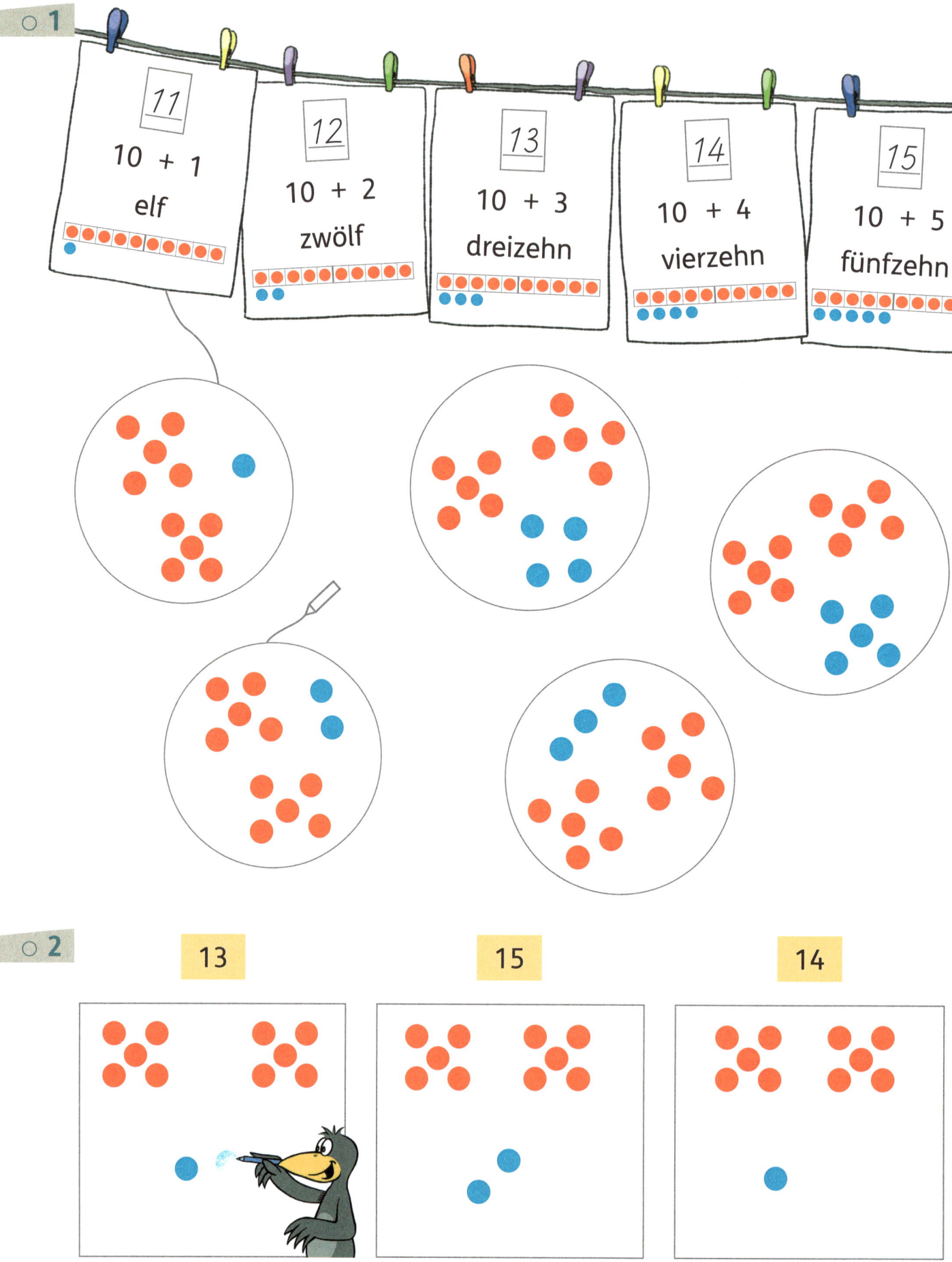

○ 2

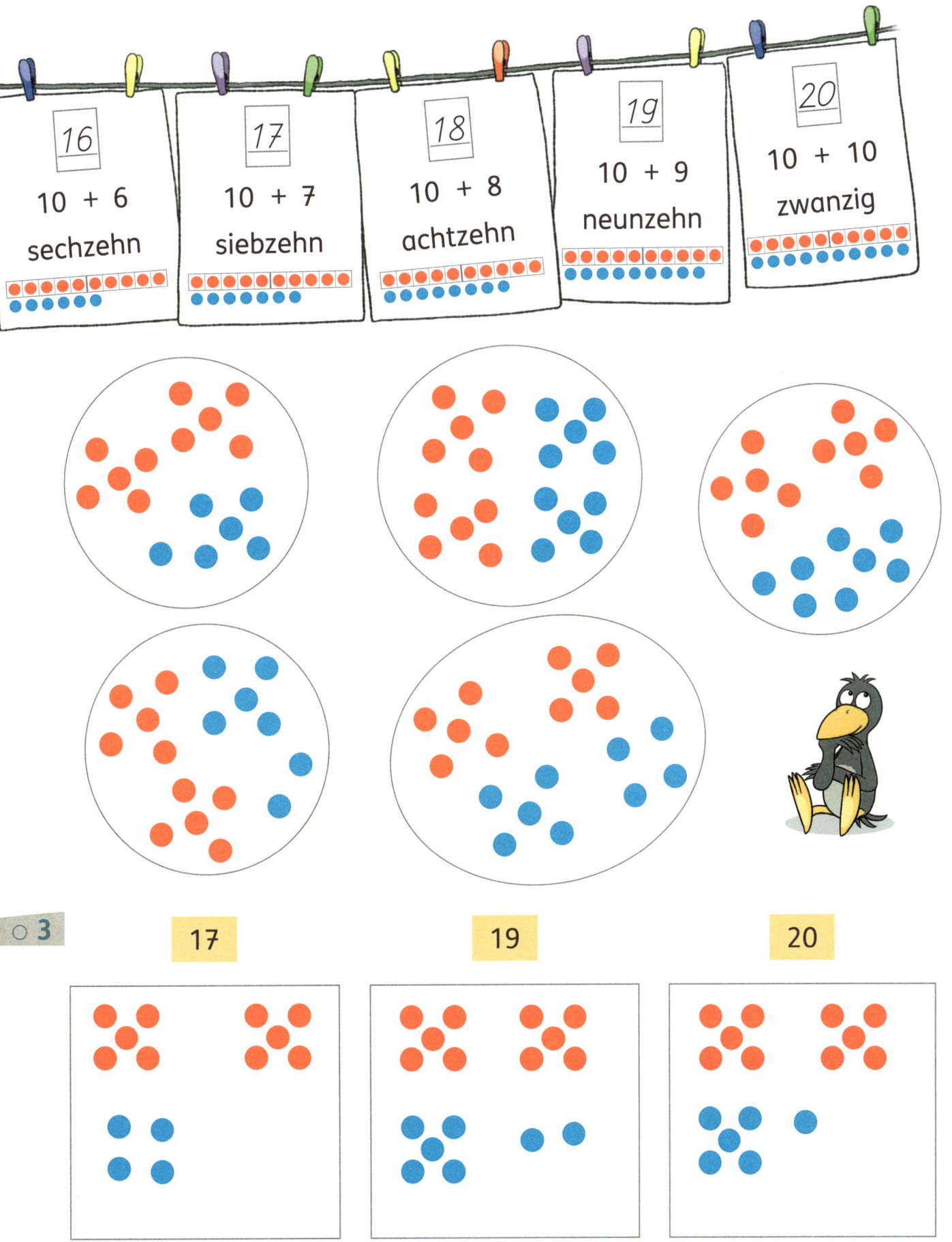

1 Die Zahlen von 11 bis 20 kennenlernen. Zahlen, Zerlegungen in Zehner und Einer sowie Punktebilder besprechen. Mengen mit den passenden Zahlenkarten verbinden. 3 Fehlende blaue Punkte zur vorgegebenen Anzahl ergänzen.

→ Arbeitsheft, Seite 40

Nachbarzahlen bis 20

1

0, 1, _, 3, 4, _, 6, _, 8, _, 10
11, _, 13, 14, _, 16, 17, _, 19, 20

2 Lege und ordne.

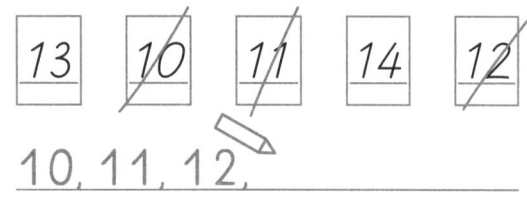

13, 10, 11, 14, 12

10, 11, 12, _____

20, 18, 16, 17, 19

_____

17, 15, 14, 16, 13

_____

17, 15, 18, 16, 19

_____

3

Vorgänger	Z	Nachfolger
16	17	18
14	15	
11	12	

V	Z	N
	11	
	18	
	16	

V	Z	N
		12
		15
		20

4

V	Z	N
	12	
9		
		19

V	Z	N
	15	
		20
	13	

V	Z	N
	15	
10		
		19

V	Z	N
		14
	11	
16		

5 Ordne. Beginne mit der kleinsten Zahl.

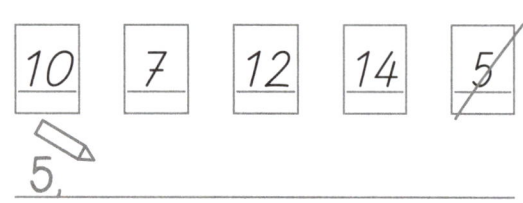

10, 7, 12, 14, 5

5, _____

18, 9, 11, 20, 16

_____

Zahlen bis 20 bündeln

65

Das Zwanzigerfeld

1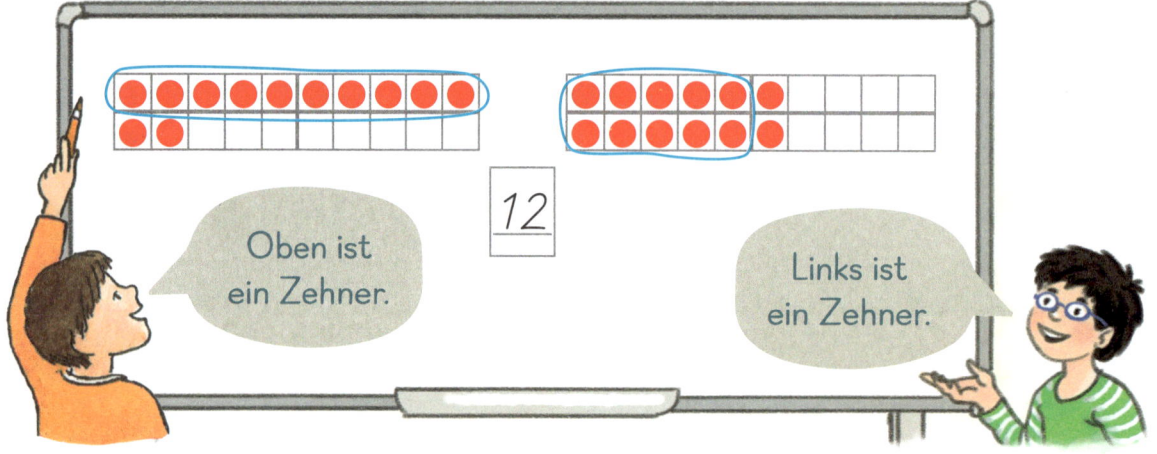

2 Wie viele? Kreise jeweils den Zehner ein.

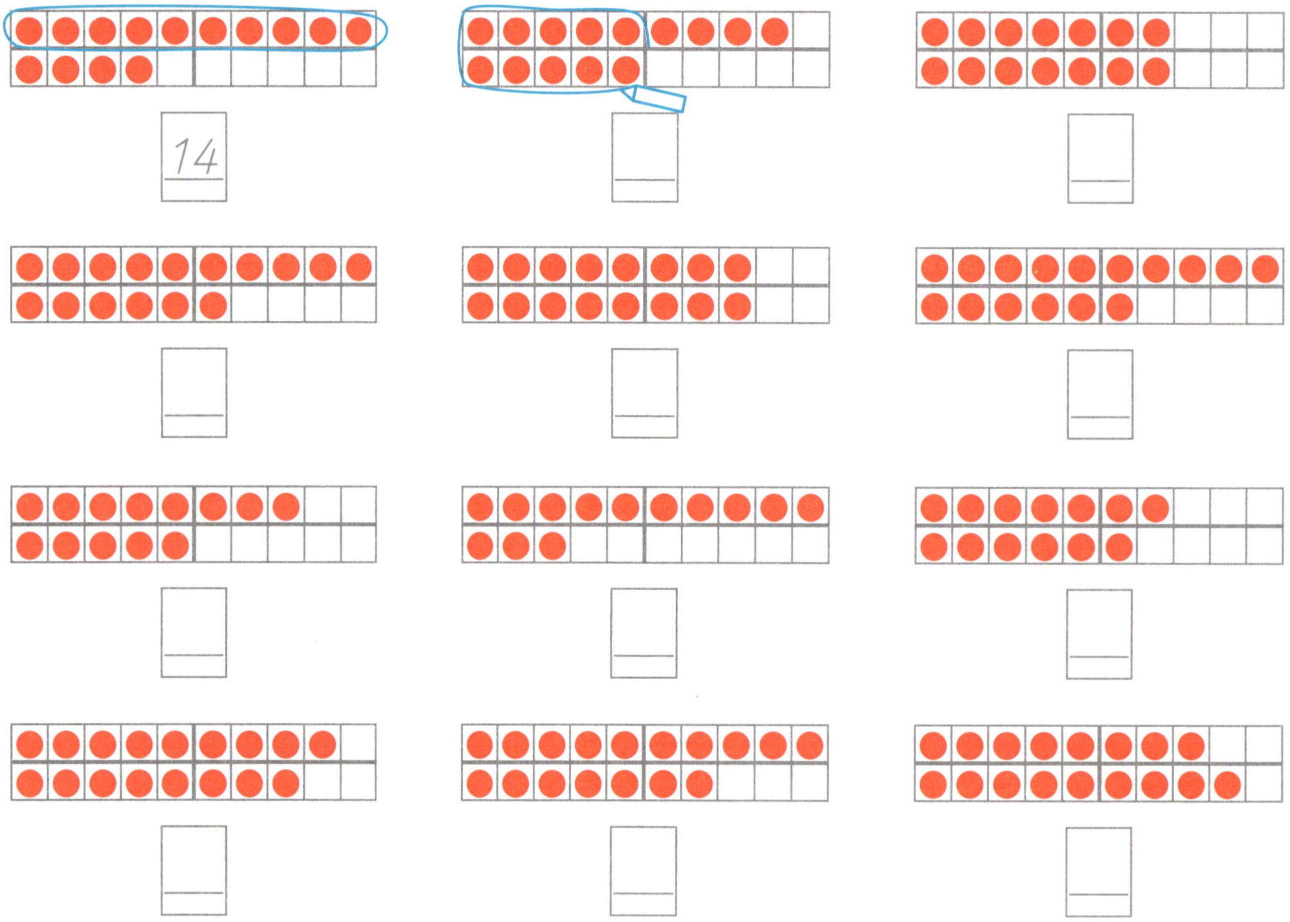

14

3 Lege geschickt und vergleiche mit deinem Partner.

| 11 | 12 | 13 |
| 15 | 17 | 18 |

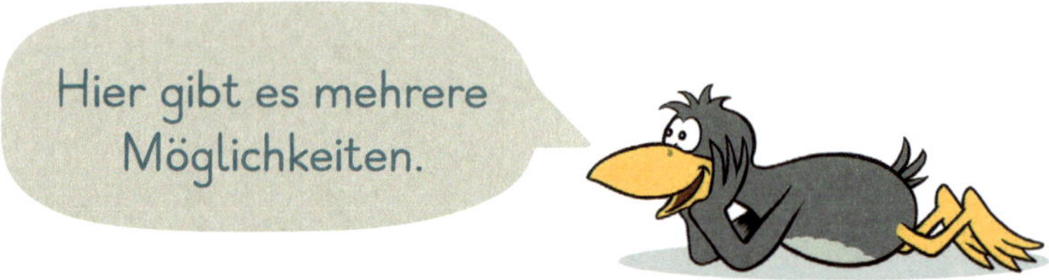

Hier gibt es mehrere Möglichkeiten.

Zuerst 10

1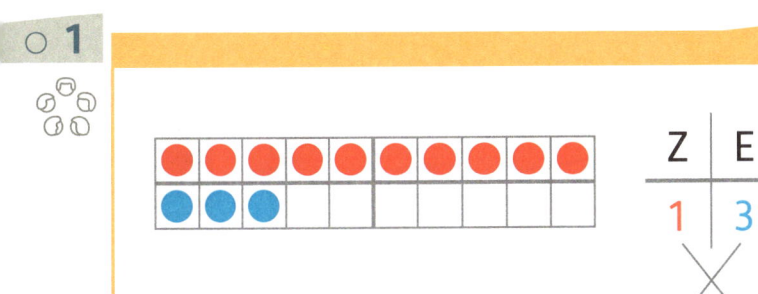

13 = 10 + 3 dreizehn

Ich spreche zuerst drei, dann zehn, schreibe aber ...

2 Zerlege die Zahlen in Zehner und Einer.

11   11 = 10 + 1   Z | E / 1 | 1

14   14 = 10 + ___   Z | E

17   ___ = ___ + ___   Z | E

12   ___ = ___ + ___   Z | E

___   ___ = ___ + ___   Z | E

3
16 = 10 + 6   13 = 10 + ___   ___ = 10 + 2   ___ = 10 + 3
18 = ___ + 8   19 = ___ + 9   ___ = 10 + 1   ___ = 10 + 7
15 = 10 + ___   10 = 10 + ___   ___ = 10 + 4   ___ = 10 + 10

4
dreizehn ___   sechzehn ___   siebzehn ___
vierzehn ___   achtzehn ___   zwölf ___
elf ___   zwanzig ___   fünfzehn ___

1 Unterschied zwischen Sprech- und Schreibweise thematisieren. 2 Zahlzerlegung vervollständigen und die Zahlen in Zehner und Einer zerlegen. Eigene Zahl ausdenken und zerlegen. 3 Zahlzerlegung vervollständigen. 4 Die Kinder lesen sich abwechselnd das Zahlwort vor und notieren die Zahl.

→ Arbeitsheft, Seite 44

Zahlen vergleichen

1

2 Baue und vergleiche. <, > oder = ?

3 < 8	4 ○ 3	7 ○ 5	8 ○ 10	10 ○ 6
13 ○ 18	14 ○ 13	17 ○ 15	18 ○ 20	20 ○ 16

0 ○ 0	9 ○ 9	4 ○ 6	10 ○ 2	7 ○ 8
10 ○ 10	19 ○ 19	14 ○ 16	20 ○ 12	17 ○ 18

3

12 < 14	14 ○ 15	11 ○ 13	13 = ___	18 = ___
12 ○ 13	15 ○ 15	20 ○ 10	13 < ___	18 > ___
12 ○ 12	16 ○ 15	7 ○ 17	13 < ___	18 > ___
12 ○ 11	17 ○ 15	14 ○ 9	13 > ___	18 < ___
12 ○ 10	18 ○ 15	18 ○ 1	___ > ___	___ < ___

4 Vergleiche die Zahlen miteinander. Finde alle Möglichkeiten.

5	6	9

5 = 5	5 < 6	5 < 9
6 = 6	6 > 5	6 < 9
9 = 9	9 > 5	9 > 6

1	2	12		4	8	13
3	14	17		15	16	19
11	18	20				

Große und kleine Plusaufgaben

○ 1

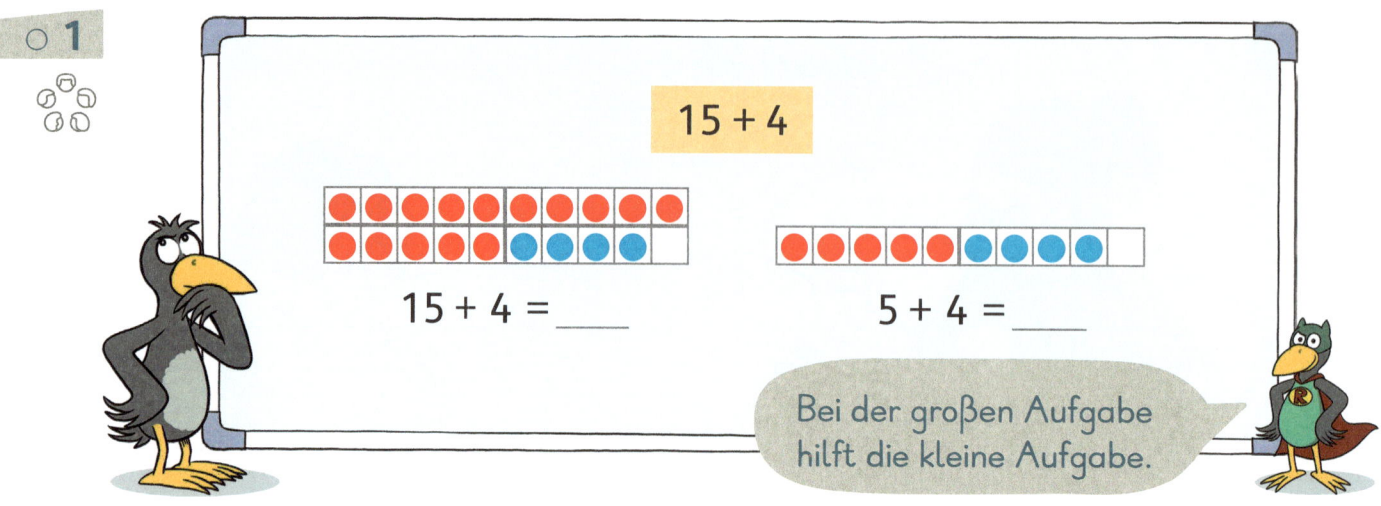

15 + 4

15 + 4 = ___   5 + 4 = ___

Bei der großen Aufgabe hilft die kleine Aufgabe.

○ 2

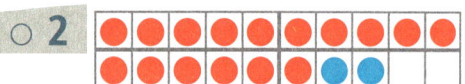

16 + 2 = ___   14 + 3 = ___   13 + 5 = ___
6 + 2 = ___   4 + 3 = ___   3 + 5 = ___

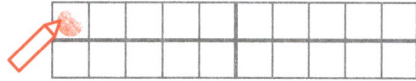

17 + 2 = ___   13 + 6 = ___   15 + 1 = ___
7 + 2 = ___   3 + 6 = ___   5 + 1 = ___

○ 3   12 + 5 = ___   14 + 6 = ___   13 + 1 = ___   11 + 7 = ___
     2 + 5 = 7   ___ + ___ = ___   ___ + ___ = ___   ___ + ___ = ___

11 + 8 = ___   16 + 0 = ___   12 + 7 = ___   10 + 5 = ___
___ + ___ = ___   ___ + ___ = ___   ___ + ___ = ___   ___ + ___ = ___

13 + 7 = ___   12 + 8 = ___   10 + 3 = ___   15 + 5 = ___
___ + ___ = ___   ___ + ___ = ___   ___ + ___ = ___   ___ + ___ = ___

○ 4

12 + ___ = 19   ___ + 8 = 20   11 + ___ = 12
12 + ___ = 18   ___ + 7 = 20   ___ + ___ = ___
12 + ___ = 17   ___ + 6 = 20   ___ + ___ = ___

70

1 Zur großen Additionsaufgabe die kleine Aufgabe (Analogieaufgabe) erkennen. Beide Aufgaben mit Plättchen legen.
2 Die große und die kleine Aufgabe (Analogieaufgabe) mithilfe des Zwanzigerfeldes lösen.   **3** Die Aufgaben können auch durch Legen oder Zeichnen gelöst werden.   **4** Aufgabenrollen im Heft bearbeiten und fortführen. Eigene Rolle finden.

→ Arbeitsheft, Seite 47

Tauschaufgaben

○ 1

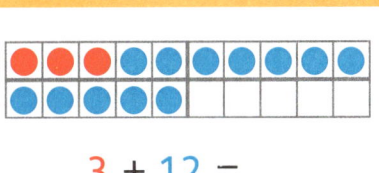

3 + 12 = ____
12 + 3 = ____

○ 2

6 + 12 = ____
12 + 6 = ____

4 + 13 = ____
13 + ____ = ____

3 + 15 = ____
15 + ____ = ____

1 + 17 = ____
____ + ____ = ____

5 + 14 = ____
____ + ____ = ____

9 + 11 = ____
____ + ____ = ____

○ 3

1 + 14 = ____
14 + 1 = ____

3 + 13 = ____
____ + ____ = ____

◐ 12 + ____ = 15
____ + 12 = 15

Welche Aufgabe findest du einfacher?

8 + 10 = ____
____ + ____ = ____

15 + ____ = 17
____ + ____ = 17

2 + 11 = ____
____ + ____ = ____

17 + ____ = 17
____ + ____ = 17

1 Situation von oben und unten betrachten. Aufgabe und Tauschaufgabe erfassen.   2 Aufgabe und Tauschaufgabe legen, zeichnen und ausrechnen.   3 Aufgabe und Tauschaufgabe erkennen bzw. ergänzen und ausrechnen, ggf. mit Plättchen legen.

→ Arbeitsheft, Seite 48

Große und kleine Minusaufgaben

1

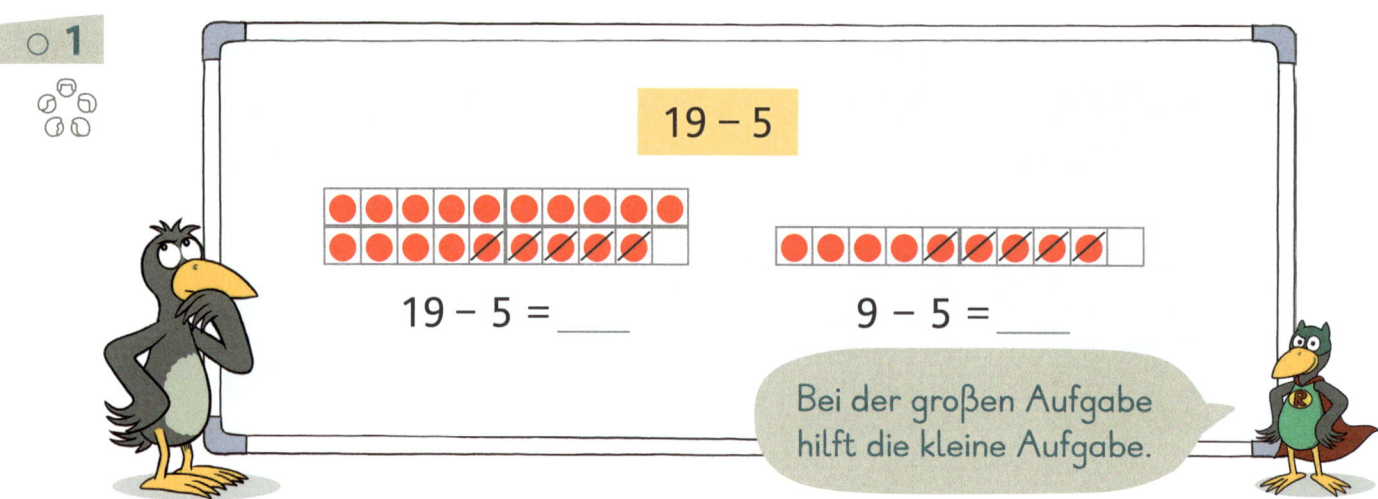

Bei der großen Aufgabe hilft die kleine Aufgabe.

19 − 5 = ___
9 − 5 = ___

2

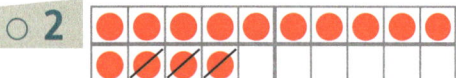   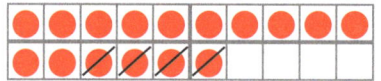

14 − 3 = ___   16 − 4 = ___   18 − 4 = ___
4 − 3 = ___   6 − 4 = ___   8 − 4 = ___

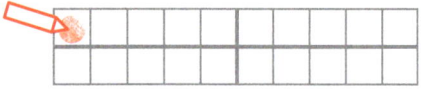   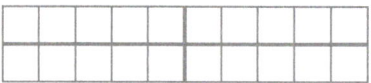

15 − 3 = ___   13 − 2 = ___   19 − 3 = ___
5 − 3 = ___   3 − 2 = ___   9 − 3 = ___

3   16 − 2 = ___   18 − 7 = ___   13 − 1 = ___   15 − 4 = ___
6 − 2 = 4   ___ − ___ = ___   ___ − ___ = ___   ___ − ___ = ___

19 − 6 = ___   14 − 4 = ___   16 − 5 = ___   17 − 7 = ___
___ − ___ = ___   ___ − ___ = ___   ___ − ___ = ___   ___ − ___ = ___

16 − 3 = ___   15 − 0 = ___   17 − 4 = ___   20 − 7 = ___
___ − ___ = ___   ___ − ___ = ___   ___ − ___ = ___   ___ − ___ = ___

4

18 − ___ = 11   ___ − 8 = 12   19 − ___ = 10
18 − ___ = 12   ___ − 7 = 12   ___ − ___ = ___
18 − ___ = 13   ___ − 6 = 12   ___ − ___ = ___

1 Zur großen Subtraktionsaufgabe die kleine Aufgabe (Analogieaufgabe) erkennen. Beide Aufgaben mit Plättchen legen.
2 Die große und die kleine Aufgabe (Analogieaufgabe) mithilfe des Zwanzigerfeldes lösen.   **3** Die Aufgaben können auch durch Legen oder Zeichnen gelöst werden.   **4** Aufgabenrollen im Heft bearbeiten und fortführen. Eigene Rolle finden.

→ Arbeitsheft, Seite 49

Umkehraufgaben

1

15 − 3 = ___
___ + 3 = 15

2

17 − 2 = ___
___ + 2 = ___

18 − 4 = ___
___ + ___ = ___

19 − 8 = ___
___ + ___ = ___

11 + 4 = ___
___ − 4 = ___

13 + 5 = ___
___ − ___ = ___

14 + 0 = ___
___ − ___ = ___

3 Kontrolliere mit der Umkehraufgabe.

17 − 5 = ___
___ + ___ = ___

12 − ___ = 10
10 + ___ = ___

16 − ___ = ___
___ + ___ = 16

11 + 2 = ___
___ − ___ = ___

14 + ___ = 18
18 − ___ = ___

___ + ___ = 15
15 − ___ = ___

1 Zusammenhang zwischen Aufgabe und Umkehraufgabe erkennen. 2 Plättchen legen und zeichnen, Umkehraufgabe notieren und lösen. 3 Zu den Aufgaben die Umkehraufgaben notieren und ausrechnen, ggf. mit Plättchen legen. In der dritten Spalte sind verschiedene Lösungen möglich.

→ Arbeitsheft, Seite 50

Aufgabenfamilien

1

5
2   3

2 + 3 = _5_
3 + 2 = ___
5 − 3 = ___
5 − 2 = ___

die Aufgabenfamilie

2

8
5   3

5 + 3 = _8_
3 + _5_ = ___
8 − 3 = ___
8 − ___ = ___

9
2   7

2 + 7 = ___
___ + ___ = ___
9 − 7 = ___
___ − ___ = ___

7
6   1

6 + 1 = ___
___ + ___ = ___
7 − ___ = ___
___ − ___ = ___

3

18
15   3

15 + 3 = ___
3 + ___ = ___
18 − 3 = ___
18 − ___ = ___

19
12   7

12 + 7 = ___
___ + ___ = ___
19 − 7 = ___
___ − ___ = ___

17
16   1

16 + 1 = ___
___ + ___ = ___
17 − ___ = ___
___ − ___ = ___

1 Aufgabenfamilien kennenlernen. Bilder besprechen und mit den Aufgaben verbinden. Eine Aufgabe reicht aus, um alle Aufgaben einer „Familie" zu finden. Die Zahlen im Dach ergeben sich auch aus jeder einzelnen Aufgabe. Die Situation ggf. nachspielen und die Aufgaben im Zehnerfeld legen. **2, 3** Aufgabenfamilien vervollständigen.

→ Arbeitsheft, Seite 51

Tabellen

1

die Tabelle die Spalte ↓

die Zeile →

2

+	5	6	1
2	2 + 5 =	+ =	+ =
4	4 + =	+ =	+ =
3	+ =	+ =	+ =

−	2	4	3
6	6 − 2 =	− =	− =
8	8 − =	− =	− =
10	− =	− =	− =

3

+	4	2	3
10	14		
12			
16			

−	5	3	4
15	10		
17			
19			

+	3	2	5
10	13		
15			
13			

4

−	6	5	
20			
18		13	
16			15

+	1	4	
13			
		15	
14			19

−	3	5	6
		15	
17			
			13

1 Vorgehensweise bei Tabellen kennenlernen und besprechen. 2 Im Bereich der Addition und Subtraktion die Tabelle als Aufgabenformat einführen und üben. Als Hilfestellung die komplette Aufgabe in der Tabelle notieren. 3, 4 Aufgaben in einer Tabelle lösen.

→ Arbeitsheft, Seite 52

Verdoppeln

1 Finde Aufgaben zum Verdoppeln.

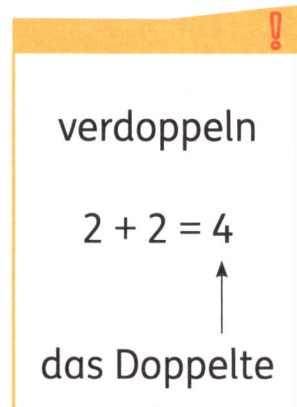

verdoppeln

2 + 2 = 4
↑
das Doppelte

4 + 4 = ___   ___ + ___ = ___   ___ + ___ = ___

2 Verdopple mit dem Spiegel.

 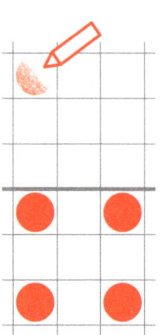 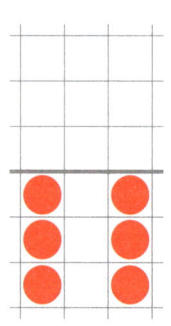 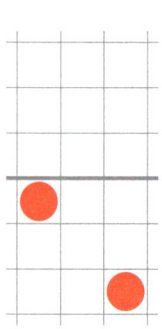

5 + 5 = ___   ___ + ___ = ___   ___ + ___ = ___   ___ + ___ = ___

3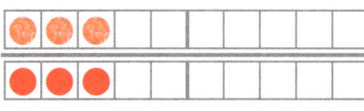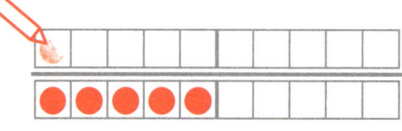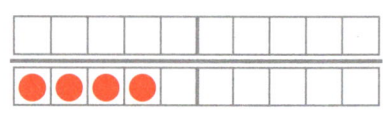

3 + 3 = ___   ___ + ___ = ___   ___ + ___ = ___

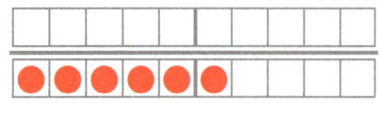 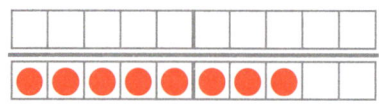 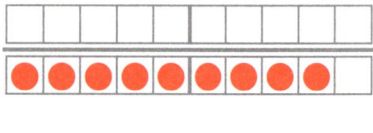

___ + ___ = ___   ___ + ___ = ___   ___ + ___ = ___

4

die Zahl	1	2	3	4	5	6	7	8	9	10
das Doppelte										

1 Situation nachspielen. Mit dem Spiegel experimentieren. Verdopplungsaufgaben in dem Bild finden. **2, 3** Plättchenmuster spiegeln, Spiegelbild einzeichnen, die Verdopplungsaufgaben schreiben und lösen. **4** Plättchen legen und spiegeln, gedoppelte Anzahl erkennen und die Lösung in die Tabelle schreiben.

→ Arbeitsheft, Seite 53

Halbieren

1 Finde Aufgaben zum Halbieren.

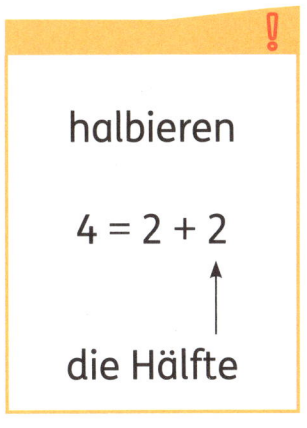

halbieren

4 = 2 + 2
↑
die Hälfte

___ = ___ + ___   ___ = ___ + ___   ___ = ___ + ___

2 Halbiere.

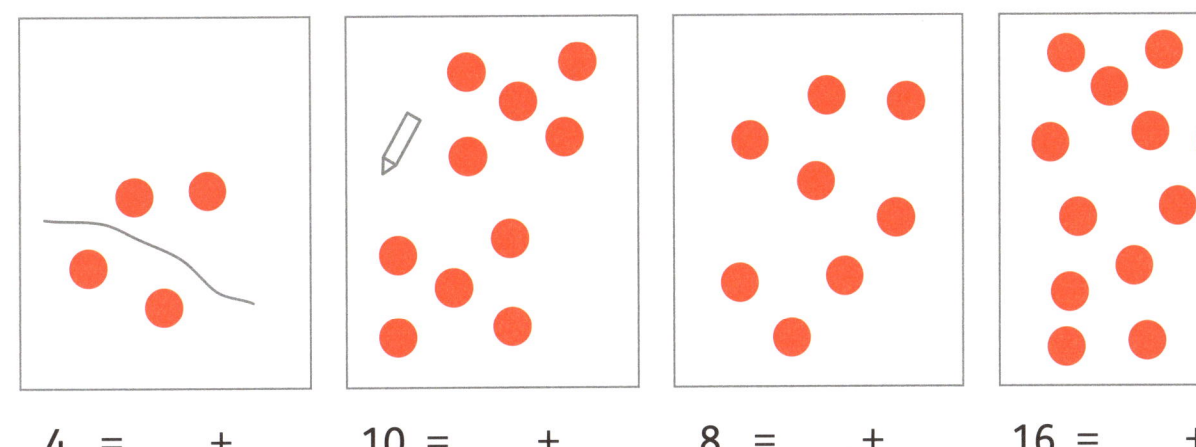

4 = ___ + ___   10 = ___ + ___   8 = ___ + ___   16 = ___ + ___

3 Färbe jeweils die Hälfte.

   4 = 2 + ___

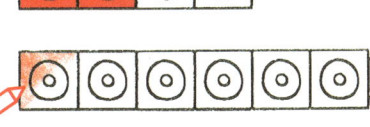   6 = ___ + ___

12 = ___ + ___

14 = ___ + ___

4

die Zahl	14		20	8	2	16			6
die Hälfte	7	5					6	2	9

1 Situationen nachspielen. Halbierungsaufgaben in dem Bild finden. 2 Die Plättchen durch eine Halbierungslinie gleich aufteilen. 3 Steckwürfel als Lösungshilfe verwenden. 4 Überlegen, ob halbiert oder verdoppelt werden muss, ggf. Plättchen als Hilfsmittel nutzen.

→ Arbeitsheft, Seite 54

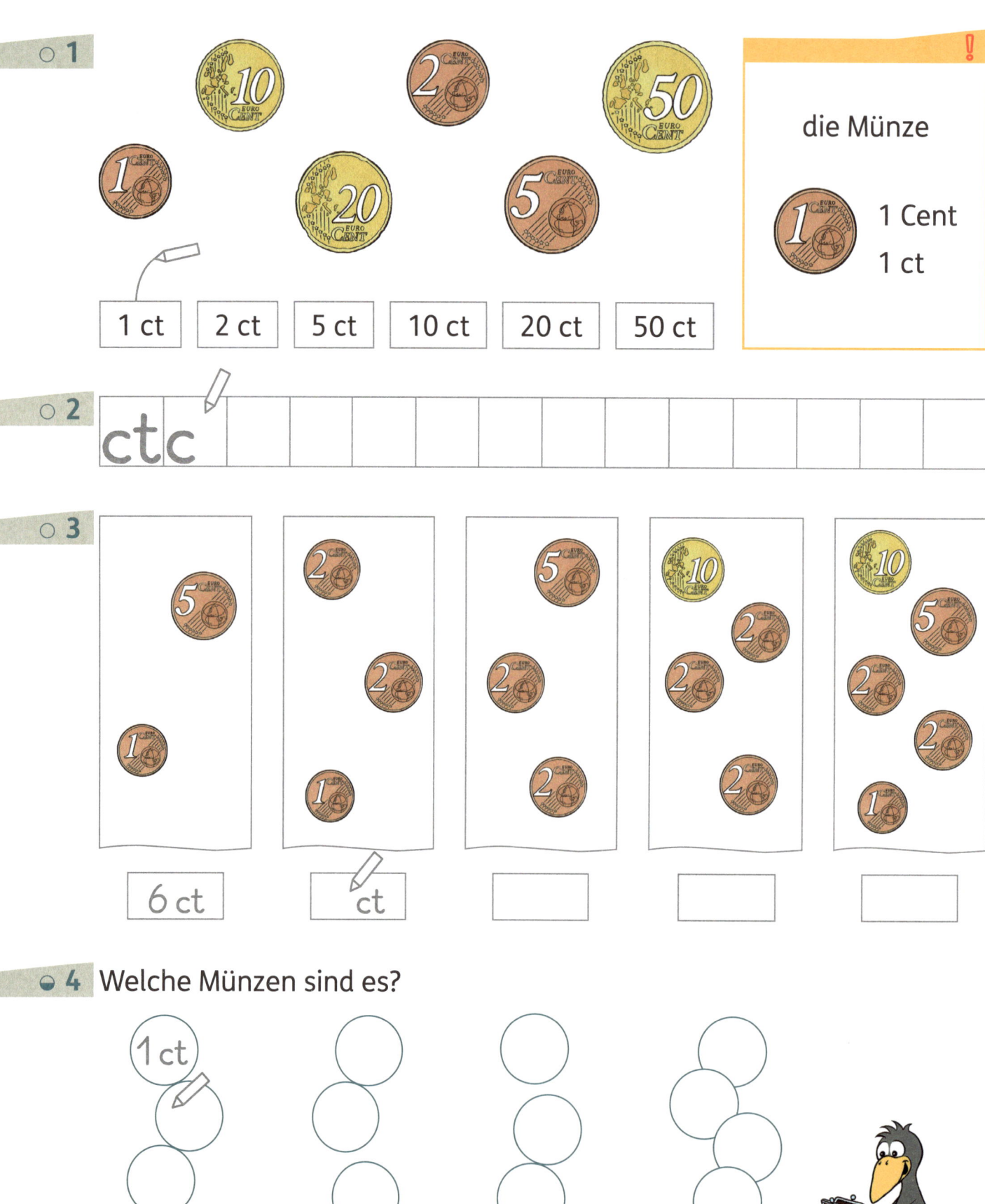

Geld: Euro

○ 1

| 1 € | 2 € | 5 € | 10 € | 20 € |

> 1 Euro
> 1 €
>
> der Schein

○ 2

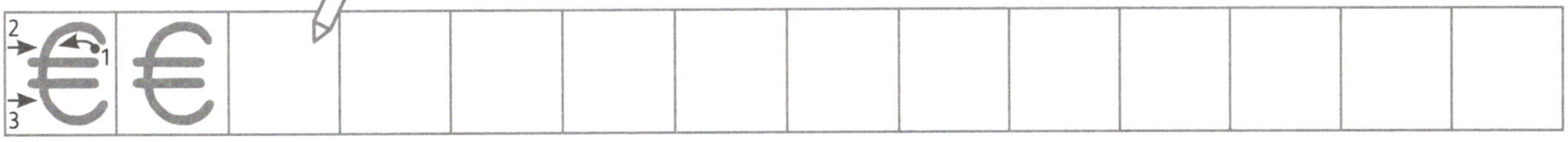

○ 3

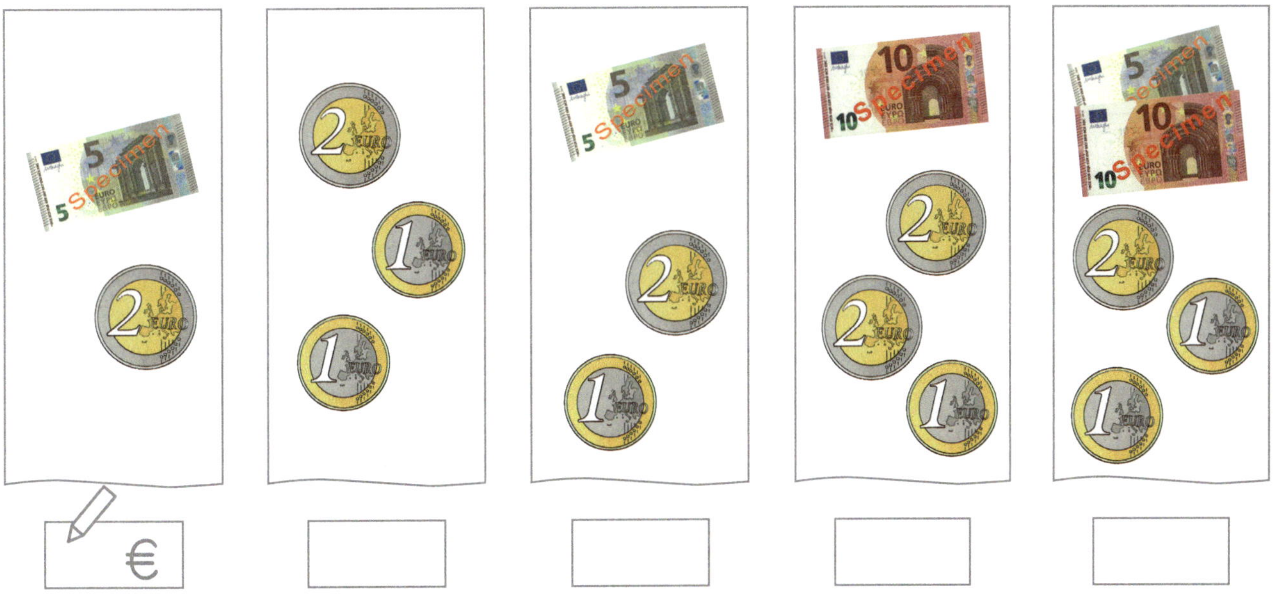

☐ 4 Welche Münzen und Scheine sind es?

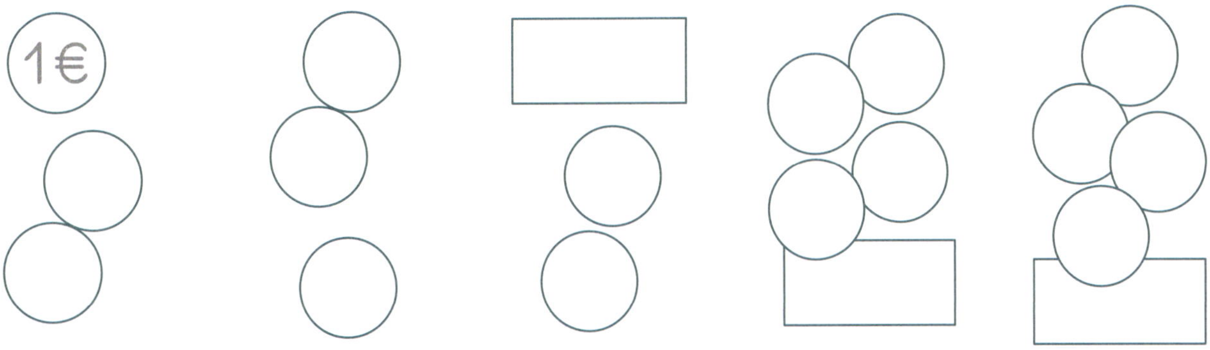

4 €   5 €   9 €   12 €   17 €

1 Euro-Münzen und -Scheine kennenlernen und mit ihrem Wert verbinden.   2 Schreibweise des Euro-Zeichens üben.
3 Euro-Beträge legen und den Wert notieren.   4 Geldbeträge mit der vorgegebenen Anzahl an Münzen und Scheinen legen und notieren.

→ Arbeitsheft, Seite 56

Mit Geld rechnen

○ 1

11 € + 2 € =

  ○

○ 2

● 3

      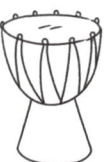 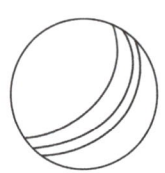

Zum Bild erzählen, Sachsituation zum Thema „Flohmarkt" spielen und Aufgaben dazu finden.
1–3 Gesamtpreis berechnen und notieren. Anschließend als Münzen und Scheine malen.

→ Arbeitsheft, Seite 57

○ 4 Sina hat: Sie kauft: Jan hat: Er kauft:

5 € – 4 € = _____

Sie bekommt _____ € zurück.   Er bekommt _____ € zurück.

● 5 Tim hat: Er kauft: Lara hat: Sie kauft:

_____   

Er bekommt _____ € zurück.   Sie bekommt _____ € zurück.

● 6 Du hast: Du kaufst:

Du bekommst _____ € zurück.

4, 5 Restgeld berechnen und notieren.   **6** Eigene Aufgabe notieren und lösen.

Wiederholung

1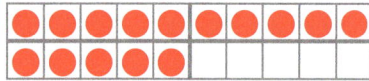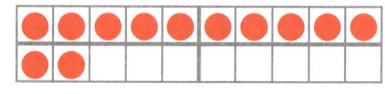

_____   _____   _____

____ 19   ____ 13   ____ 20

2
14 + 4 = ___	17 + 2 = ___	16 − 1 = ___	15 − 4 = ___
12 + 8 = ___	18 + 0 = ___	18 − 8 = ___	13 − 0 = ___
16 + 1 = ___	16 + 4 = ___	14 − 3 = ___	18 − 7 = ___
13 + 5 = ___	10 + 7 = ___	19 − 6 = ___	20 − 9 = ___
11 + 9 = ___	15 + 3 = ___	17 − 5 = ___	19 − 2 = ___

| 17 18 18 | 17 17 18 | 10 11 12 | 10 11 11 |
| 19 20 20 | 18 19 20 | 13 14 15 | 11 13 17 |

3 Kontrolliere mit der Umkehraufgabe.

16 − 5 = 11	15 − 3 = ___	19 − 4 = ___	14 − 1 = ___
11 + ___ = ___	___ + ___ = ___	___ + ___ = ___	___ + ___ = ___
12 + 6 = ___	13 + 5 = ___	15 + 0 = ___	11 + 8 = ___
___ − ___ = ___	___ − ___ = ___	___ − ___ = ___	___ − ___ = ___

4

____ €   ____   ____   ____

82

1 Anzahlen am Zwanzigerfeld bestimmen und gegebene Zahlen im Zwanzigerfeld darstellen. 2 Additions- und Subtraktionsaufgaben lösen. 3 Zu den Aufgaben die Umkehraufgaben notieren und ausrechnen. 4 Euro-Beträge bestimmen und notieren.

→ Arbeitsheft, Seite 59

5

Haus 1 (8; 2, 6):
2 + 6 = ___
6 + ___ = ___
8 − 6 = ___
8 − ___ = ___

Haus 2 (17; 15, 2):
15 + 2 = ___
___ + ___ = ___
17 − 2 = ___
___ − ___ = ___

Haus 3 (20; 8, 12):
8 + ___ = ___
___ + ___ = ___
20 − ___ = ___
___ − ___ = ___

6

4 + 12 = ___	17 − 6 = ___	11 + ___ = 18
19 − 3 = ___	6 + 12 = ___	16 − ___ = 13
16 + 2 = ___	3 + 16 = ___	18 − ___ = 18
13 + 1 = ___	19 − 8 = ___	1 + ___ = 15
14 − 3 = ___	13 − 3 = ___	19 + ___ = 19

🔑 11 13 14 16 16 18   10 11 11 12 18 19   0 0 3 7 14 19

7

15 + 1 = ___	14 + 3 = ___	20 + 0 = ___
15 − 1 = ___	14 − 3 = ___	19 − 1 = ___
15 + 2 = ___	15 + 2 = ___	18 + 2 = ___
15 − 2 = ___	15 − 2 = ___	17 − 3 = ___
___	___	___
___	___	___

8

+	12		13
6			
4		14	
			20

−	3	5	2
15			
	15		
			18

+	4		
		16	
		19	16
15			17

5 Aufgabenfamilien vervollständigen und ausrechnen. **6** Additions- und Subtraktionsaufgaben lösen. **7** Aufgabenrollen bearbeiten. Die vorgegebenen Muster fortsetzen. **8** Additions- und Subtraktionsaufgaben in Tabellen lösen.

→ Arbeitsheft, Seite 59

Rückblick

1

2 Lege nach und zähle.

△ _2_ ▢ __   △ __ ▢ __ ▢ __   △ __ ▢ __ ▢ __

3

2 + 4 = ___   8 + 0 = ___   4 − 2 = ___   7 − 1 = ___
5 + 3 = ___   6 + 2 = ___   5 − 4 = ___   9 − 8 = ___
3 + 7 = ___   5 + 5 = ___   6 − 3 = ___   6 − 4 = ___
7 + 2 = ___   0 + 7 = ___   9 − 5 = ___   3 − 3 = ___
4 + 6 = ___   9 + 1 = ___   5 − 0 = ___   7 − 6 = ___

 6 7 8 9 10 10   7 8 8 9 10 10   0 1 2 3 4 5   0 1 1 2 5 6

4

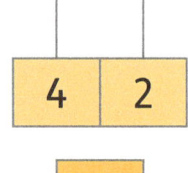 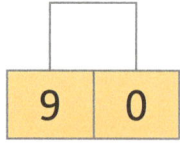 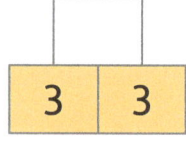 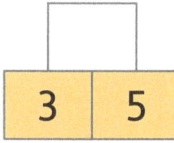

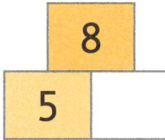 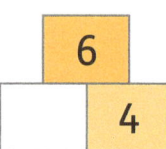 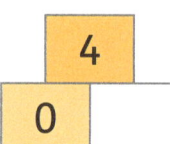 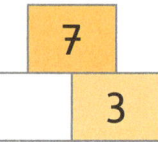

1 Erkennen, in welcher Reihenfolge die Schnecken das Ziel erreichen werden, und die Reihenfolge notieren. 2 Gebäude nachlegen und die Anzahl der jeweiligen Plättchen bestimmen. 3 Additions- und Subtraktionsaufgaben lösen. 4 Zahlenmauern lösen.

Knobeln mit Zahlen

1 Welches Zeichen steht für welche Zahl?

★ _7_ ♥ _2_

2

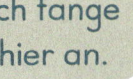
Ich fange hier an.

3

1–3 Zahlbeziehungen erkennen und zum Lösen der Symbolrätsel nutzen. Jede Form/Farbe steht dabei für eine Zahl. Die Lösungen auf die dafür vorgesehenen Linien eintragen. Die Kinder können die Zahlen auch als zusätzliche Hilfe direkt in die Formen schreiben.

→ Arbeitsheft, Seite 60

Plus: Rund um die 10

1

2 Ergänze zur 10.

4 + _6_ = 10   1 + ___ = 10   ___ + 2 = 10
5 + ___ = 10   3 + ___ = 10   ___ + 0 = 10
6 + ___ = 10   2 + ___ = 10   ___ + 1 = 10
7 + ___ = 10   0 + ___ = 10   ___ + 9 = 10

3 Zuerst zur 10.

(6 + 4) + 2 = _12_   2 + 8 + 3 = ___
5 + 5 + 9 = ___   3 + 7 + 5 = ___
7 + 3 + 6 = ___   4 + 6 + 8 = ___
8 + 2 + 3 = ___   0 + 10 + 4 = ___

5 + ___ + 8 = 18   1 + ___ + ___ = 16
9 + ___ + 9 = 19   8 + ___ + ___ = 11
6 + ___ + 9 = 19   7 + ___ + ___ = 14
2 + ___ + 7 = 17   0 + ___ + ___ = 17

4

10 + 0
___ + ___
___ + ___
___ + ___
___ + ___
___ + ___
___ + ___
___ + ___
___ + ___
___ + ___
___ + ___

5

8 + 1	7 + 2	6 + 3
8 + 2	7 + 3	6 + 4
8 + 3	7 + 4	6 + 5

Plus: Zuerst bis zur 10

○ **1** 8 + 5

Zuerst bis zur 10, dann weiter.

8 + 5 = 13
8 + 2 = 10
10 + 3 = 13

○ **2**

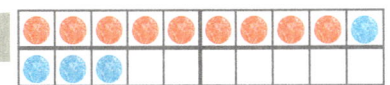 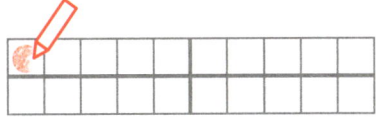 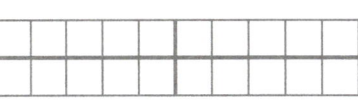

9 + 4 =   4 + 7 =   8 + 6 =
___ + ___ = 10   ___ + ___ = 10   ___ + ___ = 10
___ + ___ =   ___ + ___ =   ___ + ___ =

9 + 3 =   7 + 8 =   6 + 9 =
___ + ___ =   ___ + ___ =   ___ + ___ =
___ + ___ =   ___ + ___ =   ___ + ___ =

○ **3** 5 + 8 =   2 + 9 =   3 + 9 =
___ + ___ =   ___ + ___ =   ___ + ___ =
___ + ___ =   ___ + ___ =   ___ + ___ =

● **4**
9 + 2 = ___   4 + 9 = ___   6 + 7 = ___   8 + 7 = ___
5 + 9 = ___   7 + 5 = ___   4 + 8 = ___   9 + 8 = ___
3 + 8 = ___   5 + 6 = ___   5 + 7 = ___   7 + 4 = ___
6 + 8 = ___   9 + 7 = ___   7 + 9 = ___   8 + 4 = ___

🗝 11 11 13   11 12 13   12 12 13   11 11 12
   14 14   15 16   13 16   15 17

Diese Seite kann auch nach der Seite 88 bearbeitet werden. 1 Zehnerübergang mit der Strategie „Zuerst bis zur 10" am Bild und am Zwanzigerfeld erarbeiten. 2, 3 Aufgaben mit der Strategie „Zuerst bis zur 10" lösen, ggf. am Zwanzigerfeld legen und zeichnen. 4 Zehnerübergang üben, ggf. Zwanzigerfeld nutzen.

→ Arbeitsheft, Seite 62

Plus: Rechenwege über die 10

○ 1 6 + 7

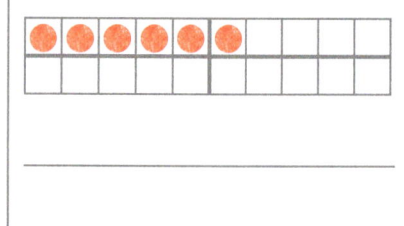

Wie rechnest du?

zuerst bis zur 10	zuerst verdoppeln	tauschen
6 + 7 = 13	6 + 7 = 13	6 + 7 = 13
6 + 4 = 10	6 + 6 = 12	7 + 3 = 10
10 + 3 = 13	12 + 1 = 13	10 + 3 = 13

○ 2 Wie rechnest du? Lege, zeichne und rechne.

8 + 5 =   7 + 6 =   7 + 7 =

8 + 9 =   9 + 5 =   5 + 8 =

○ 3 8 + 7 =   6 + 9 =   9 + 9 =

88

Die 1 + 1 Tafel

○ 1

mit 0 oder mit 10		mit Ergebnis 10	mit Verdoppeln
0 + 0 = ___	1 + 10 = ___	0 + 10 = ___	0 + 0 = ___
1 + 0 = ___	2 + 10 = ___	1 + 9 = ___	1 + 1 = ___
2 + 0 = ___	3 + 10 = ___	2 + 8 = ___	2 + 2 = ___
3 + 0 = ___	4 + 10 = ___	3 + 7 = ___	3 + 3 = ___
4 + 0 = ___	5 + 10 = ___	4 + 6 = ___	4 + 4 = ___
			5 + 5 = ___
0 + 10 = ___	10 + 1 = ___	10 + 0 = ___	6 + 6 = ___
0 + 9 = ___	10 + 2 = ___	9 + 1 = ___	7 + 7 = ___
0 + 8 = ___	10 + 3 = ___	8 + 2 = ___	8 + 8 = ___
0 + 7 = ___	10 + 4 = ___	7 + 3 = ___	9 + 9 = ___
0 + 6 = ___	10 + 5 = ___	6 + 4 = ___	10 + 10 = ___

○ 2 Färbe in der 1+1 Tafel.

0+0	0+1	0+2	0+3	0+4	0+5	0+6	0+7	0+8	0+9	0+10
1+0	1+1	1+2	1+3	1+4	1+5	1+6	1+7	1+8	1+9	1+10
2+0	2+1	2+2	2+3	2+4	2+5	2+6	2+7	2+8	2+9	2+10
3+0	3+1	3+2	3+3	3+4	3+5	3+6	3+7	3+8	3+9	3+10
4+0	4+1	4+2	4+3	4+4	4+5	4+6	4+7	4+8	4+9	4+10
5+0	5+1	5+2	5+3	5+4	5+5	5+6	5+7	5+8	5+9	5+10
6+0	6+1	6+2	6+3	6+4	6+5	6+6	6+7	6+8	6+9	6+10
7+0	7+1	7+2	7+3	7+4	7+5	7+6	7+7	7+8	7+9	7+10
8+0	8+1	8+2	8+3	8+4	8+5	8+6	8+7	8+8	8+9	8+10
9+0	9+1	9+2	9+3	9+4	9+5	9+6	9+7	9+8	9+9	9+10
10+0	10+1	10+2	10+3	10+4	10+5	10+6	10+7	10+8	10+9	10+10

1 Aufgaben lösen und Systematik der Rollen erkennen.   2 Tafel entsprechend der Lösungen aus Aufgabe 1 färben. Dabei die fehlenden Aufgaben der grünen Rollen thematisieren und mündlich oder im Heft ergänzen. Diese ebenfalls in der Tafel färben. Dabei darauf eingehen, dass in manchen Feldern mehrere Farben möglich sind.

→ Arbeitsheft, Seite 64

Nachbaraufgaben

○ 1

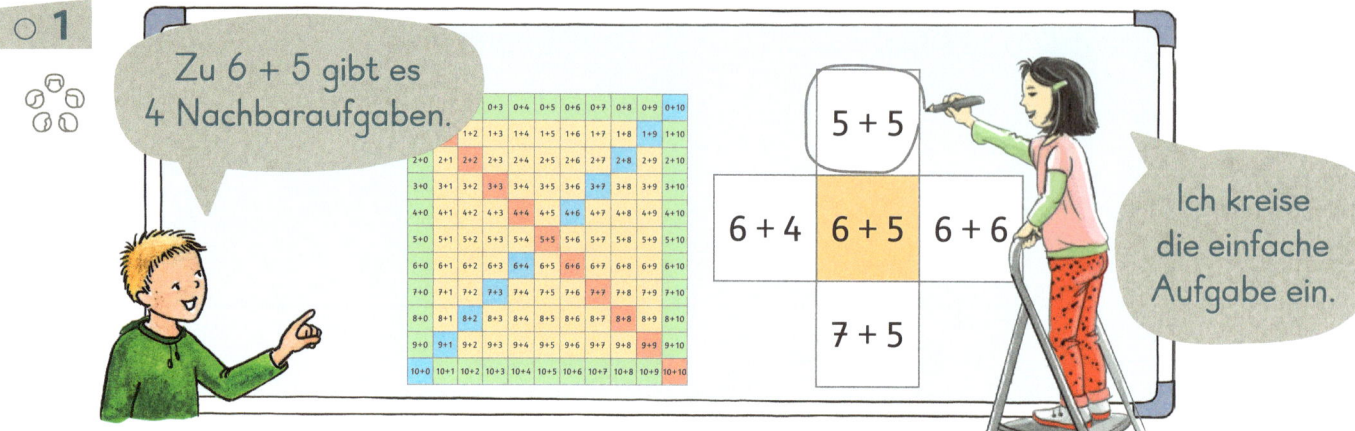

○ 2 Finde die Nachbaraufgaben in der 1 + 1 Tafel.

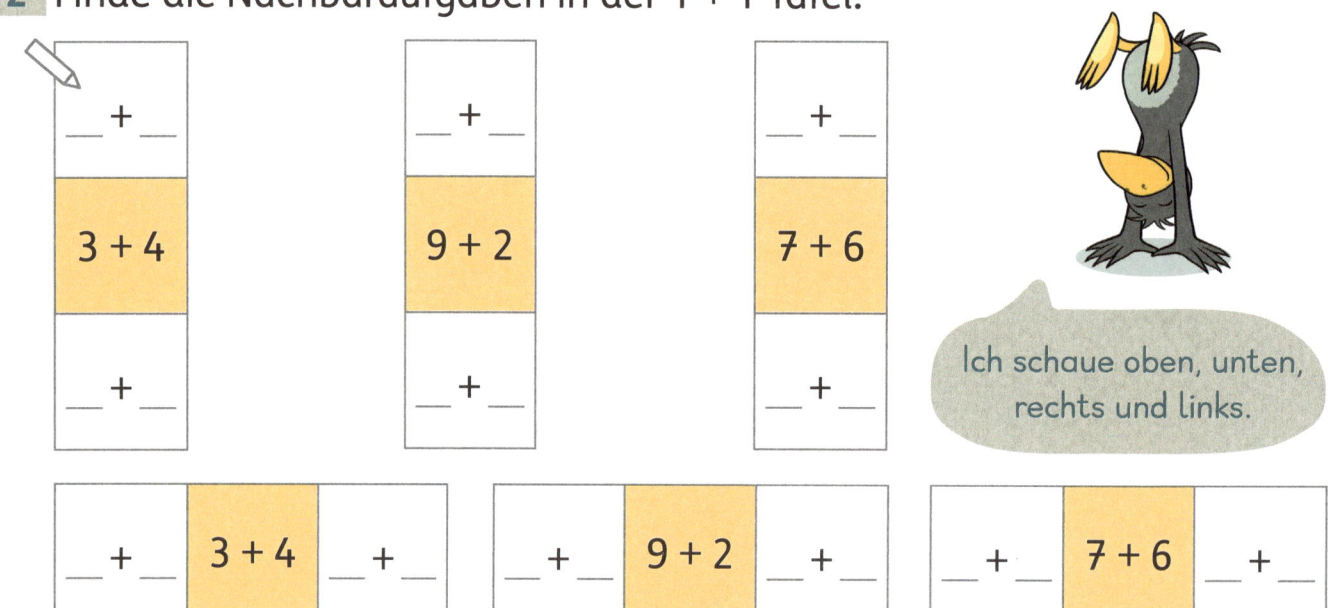

● 3 Finde alle Nachbaraufgaben. Welche Aufgabe hilft dir? Kreise ein.

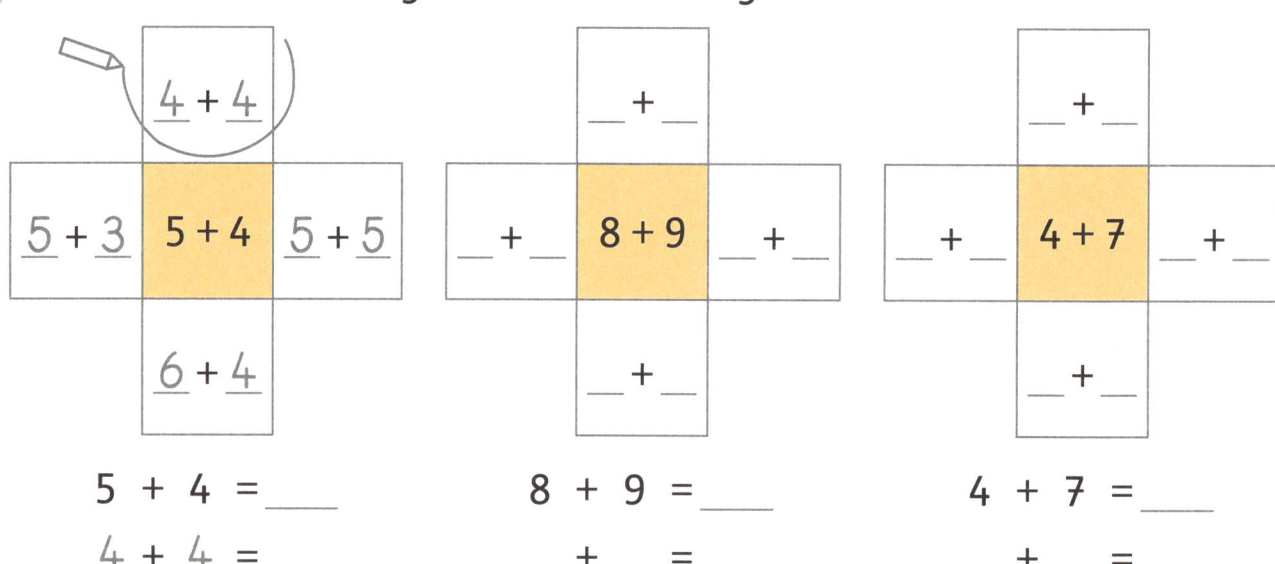

Plusaufgaben üben

1 Rechne Aufgabe und Tauschaufgabe.

3 + 8 = 11   6 + 8 = ___   4 + 7 = ___   3 + 9 = ___
8 + 3 = 11   ___ + ___ = ___   ___ + ___ = ___   ___ + ___ = ___

4 + 6 = ___   6 + 9 = ___   7 + 6 = ___   5 + 8 = ___
___ + ___ = ___   ___ + ___ = ___   ___ + ___ = ___   ___ + ___ = ___

8 + 7 = ___   10 + 7 = ___   4 + 9 = ___   8 + 9 = ___
___ + ___ = ___   ___ + ___ = ___   ___ + ___ = ___   ___ + ___ = ___

2 Finde Rechenfehler.

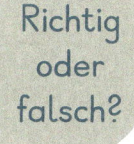
Richtig oder falsch?

7 + 5 = 12 ✓
7 + 9 = 15 16
7 + 7 = 14
7 + 8 = 16
7 + 6 = 13

9 + 2 = 11
9 + 4 = 14
9 + 6 = 16
9 + 5 = 14
9 + 0 = 0

8 + 7 = 16
6 + 8 = 13
9 + 9 = 18
4 + 9 = 13
8 + 8 = 15

3 + 8 = 11
5 + 6 = 11
14 + 4 = 18
8 + 9 = 18
6 + 4 = 10

4 + 8 = 15
9 + 7 = 15
5 + 8 = 12
2 + 6 = 8
15 + 5 = 10

8 + 6 = 14
6 + 7 = 3
9 + 3 = 13
0 + 7 = 7
3 + 9 = 12

10 + 3 = 13
12 + 7 = 5
5 + 9 = 14
2 + 9 = 10
6 + 3 = 19

3 Bilde Plusaufgaben und löse.

| 8 | 5 | 9 |
| 4 | 7 | 6 |

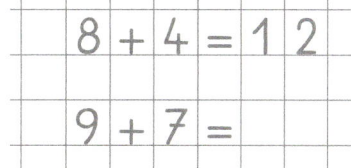

8 + 4 = 12
9 + 7 =

1 Tauschaufgabe ergänzen. Aufgabe und Tauschaufgabe lösen. 2 Aufgaben lösen und mit Ergebnissen vergleichen. Ergebnisse bestätigen oder richtige Ergebnisse notieren. 3 Aus den vorgegebenen Zahlen Plusaufgaben bilden. Diese im Heft notieren und lösen.

→ Arbeitsheft, Seite 66

Plus: vorteilhaft rechnen

 1

 2

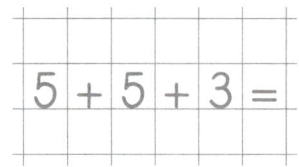

5 + 5 + 3 =

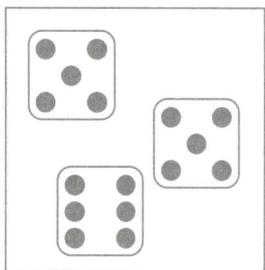
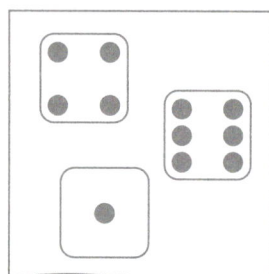

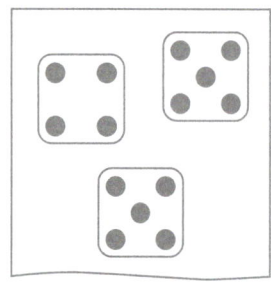

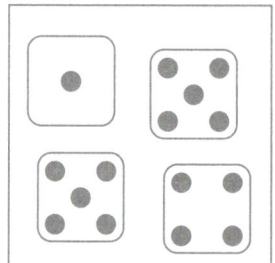

3 6 + 4 + 3 = ___   7 + 1 + 7 = ___   2 + 5 + 5 + 7 = ___
     7 + 5 + 5 = ___   8 + 6 + 6 = ___   6 + 3 + 4 + 1 = ___
     1 + 8 + 2 = ___   3 + 9 + 7 = ___   3 + 0 + 9 + 7 = ___
     5 + 6 + 5 = ___   8 + 0 + 8 = ___   7 + 4 + 7 + 2 = ___

4 Lege und rechne geschickt mit der 9.

9 + 6

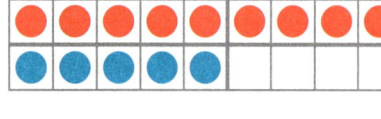

9 + 6 = ___
10 + 5 = ___

9 + 7 = ___

9 + 5 = ___   8 + 9 = ___

4 + 9 = ___   6 + 9 = ___

92

1 Mit drei Würfeln würfeln. Vorteilhafte Rechenwege notieren. Als Variation mit vier Würfeln würfeln. **2, 3** Rechenvorteile beim Rechnen mit drei oder vier Summanden nutzen. Markieren, welche zwei Zahlen zuerst miteinander addiert werden.
4 Rechenvorteile beim Rechnen mit 9 erkennen und nutzen.

→ Arbeitsheft, Seite 67

Minus: Rund um die 10

○ 1

Wie viele Plättchen muss ich wegnehmen?

14 − ___ = 10

Das ist leicht. Alle Plättchen in der unteren Reihe.

○ 2
13 − 3 = 10   11 − 1 = ___   13 − 3 = ___   11 − ___ = 10
15 − ___ = 10   16 − 6 = ___   16 − ___ = 10   15 − 5 = ___
18 − ___ = 10   17 − 7 = ___   18 − 8 = ___   17 − ___ = 10
12 − ___ = 10   14 − 4 = ___   14 − ___ = 10   12 − 2 = ___

○ 3
10 − 5 = 5   10 − 7 = ___   10 − ___ = 7
10 − 4 = ___   10 − 0 = ___   10 − 6 = ___
10 − 2 = ___   10 − 9 = ___   10 − ___ = 5
10 − 6 = ___   10 − 1 = ___   10 − ___ = 2

◐ 4 Zuerst zur 10.
14 − 4 − 5 = 5   15 − 5 − 4 = ___   13 − ___ − 4 = 6
14 − 4 − 1 = ___   15 − 5 − 8 = ___   13 − 3 − ___ = 5
14 − 4 − 7 = ___   15 − 5 − 2 = ___   13 − 3 − 8 = ___
14 − 4 − 3 = ___   15 − 5 − 6 = ___   13 − ___ − 1 = 9

 2 3 ~~5~~ 7 9   2 3 4 6 8   2 2 3 3 5

◐ 5
12 − 1	14 − 3	9 − 5	16 − 3
12 − 2	14 − 4	10 − 5	___ − ___
12 − 3	14 − 5	11 − 5	___ − ___

1–5 Zentrale Übungen in Vorbereitung auf die Zehnerüberschreitung beim Subtrahieren durchführen.   3 Subtraktionsaufgaben von 10 üben.   4 Zehnerübergang vorbereiten: subtrahieren zur 10 und dann weiter.   5 Zehnerübergang vorbereiten: schrittweise über den Zehner. Rollen im Heft notieren und fortführen. Die letzte Rolle mit eigenem Muster fortsetzen.

→ Arbeitsheft, Seite 68

Minus: Zuerst bis zur 10

1 14 – 6

Zuerst 4 weg bis zur 10, dann weiter.

14 – 6 = 8
14 – 4 = 10
10 – 2 = 8

2 Lege, zeichne und rechne.

11 – 5 =
___ – ___ = 10
___ – ___ =

13 – 4 =
___ – ___ = 10
___ – ___ =

12 – 7 =
___ – ___ = 10
___ – ___ =

12 – 4 =
___ – ___ =
___ – ___ =

15 – 6 =
___ – ___ =
___ – ___ =

16 – 9 =
___ – ___ =
___ – ___ =

3
14 – 5 =
___ – ___ =
___ – ___ =

17 – 9 =
___ – ___ =
___ – ___ =

12 – 8 =
___ – ___ =
___ – ___ =

4
11 – 3 = ___
14 – 8 = ___
13 – 5 = ___
14 – 7 = ___

13 – 7 = ___
16 – 8 = ___
11 – 4 = ___
18 – 9 = ___

11 – 2 = ___
12 – 6 = ___
15 – 8 = ___
14 – 9 = ___

12 – 5 = ___
17 – 8 = ___
13 – 6 = ___
16 – 7 = ___

6 7 8 8 9   5 6 7 8 9   5 6 7 8 9   6 7 7 9 9

Minus: Rechenwege über die 10

1

14 − 7

14 − 7 = 7
14 − 4 = 10
10 − 3 = 7

14 − 7

14 − 7 = 7

„Zuerst bis zur 10, dann weiter."

„Hier halbiere ich einfach."

„Ich kenne noch andere Wege."

2 Wie rechnest du? Erkläre deinem Partner.

12 − 6 =

13 − 5 =

17 − 9 =

16 − 8 =

13 − 7 =

12 − 8 =

3 11 − 6 =

18 − 9 =

14 − 5 =

4
12 − 4 = ___   16 − 8 = ___   14 − 8 = ___   17 − 8 = ___
15 − 6 = ___   12 − 5 = ___   12 − 7 = ___   15 − 9 = ___
13 − 6 = ___   14 − 9 = ___   18 − 9 = ___   11 − 9 = ___

5 7 8 9   5 6 7 8   5 6 8 9   2 5 6 9

Minusaufgaben üben

1 Kontrolliere mit der Umkehraufgabe.

12 − 4 = 8   16 − 9 = ___   14 − 5 = ___   15 − 6 = ___
8 + 4 = ___

18 − 8 = ___   13 − 6 = ___   10 − 2 = ___   11 − 8 = ___

10 − 9 = ___   11 − 7 = ___   12 − 8 = ___   17 − 7 = ___

2 Finde Rechenfehler.

12 − 6 = 6 ✓	13 − 7 = 5	14 − 9 = 5	8 − 4 = 12
12 − 3 = ~~10~~ 9	11 − 7 = 4	13 − 5 = 8	15 − 8 = 7
12 − 5 = 7	13 − 6 = 19	10 − 1 = 9	11 − 4 = 6
12 − 9 = 18	15 − 6 = 8	11 − 6 = 4	14 − 8 = 6
12 − 4 = 10	11 − 8 = 2	13 − 9 = 4	14 − 5 = 9

15 − 9 = 6	13 − 8 = 5	11 − 9 = 2	14 − 7 = 7
16 − 7 = 9	11 − 2 = 9	14 − 6 = 8	17 − 8 = 8
11 − 3 = 5	15 − 7 = 8	12 − 7 = 5	10 − 4 = 6
18 − 9 = 8	17 − 9 = 7	10 − 3 = 6	11 − 5 = 6
16 − 8 = 9	16 − 9 = 7	9 − 5 = 4	13 − 4 = 10

3 Bilde Minusaufgaben und löse.

15   11   13

5   9   7

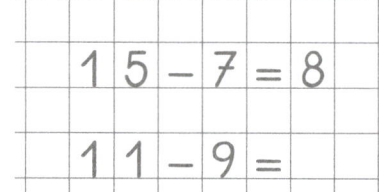

15 − 7 = 8
11 − 9 =

Minus: vorteilhaft rechnen

1

14 − 3 − 4 = ___

16 − 5 − 8 = ___

Hier rechne ich zuerst bis zur 10:
14 − 4 − 3.

Hier halbiere ich zuerst:
16 − 8 − 5

2 Rechne geschickt.

12 − 5 − 2 = ___
12 − 2 −

14 − 7 − 4 = ___

18 − 7 − 8 = ___

12 − 5 − 6 = ___

16 − 9 − 6 = ___

18 − 3 − 9 = ___

3 18 − 9 − 8 = ___
16 − 4 − 6 = ___
13 − 5 − 3 = ___
17 − 4 − 7 = ___

11 − 7 − 1 = ___
12 − 6 − 2 = ___
19 − 2 − 9 = ___
18 − 3 − 9 = ___

15 − 7 − 5 = ___
14 − 7 − 0 = ___
16 − 6 − 8 = ___
13 − 1 − 3 = ___

4 Rechne geschickt mit der 9.

17 − 9 = ___
17 − 10 + 1 = ___

12 − 9 = ___

15 − 9 = ___

13 − 9 = ___

11 − 9 = ___

Einfacher ist: Erst minus 10, dann plus 1.

16 − 9 = ___

14 − 9 = ___

1–3 Rechenvorteile beim Lösen von Aufgaben mit zwei Subtrahenden nutzen. 2, 3 Gegebenenfalls markieren, welche Zahl zuerst subtrahiert wird. 4 Aufgaben mit Subtrahend 9 vorteilhaft rechnen.

→ Arbeitsheft, Seite 72

Plus- und Minusaufgaben üben

1

8 + 6 = ___	7 + 9 = ___	16 − 8 = ___	11 − 2 = ___
6 + 5 = ___	5 + 8 = ___	14 − 6 = ___	15 − 8 = ___
4 + 7 = ___	9 + 6 = ___	12 − 4 = ___	10 − 1 = ___
9 + 3 = ___	10 + 7 = ___	13 − 5 = ___	14 − 5 = ___

🗝 11 11 12 13 14   13 14 15 16 17   7 8 8 8 8   7 8 9 9 9

8 + 3 = ___	11 − 9 = ___	2 + ___ = 11	___ − 9 = 7
13 − 6 = ___	14 − 4 = ___	17 − ___ = 9	___ + 5 = 12
10 − 3 = ___	6 + 6 = ___	9 + ___ = 13	___ − 8 = 4
5 + 9 = ___	7 + 8 = ___	15 − ___ = 9	___ + 6 = 12

🗝 7 7 11 14 16   2 5 10 12 15   4 6 8 9 10   6 7 10 12 16

2

  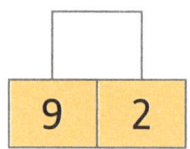 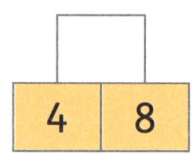 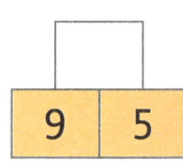

  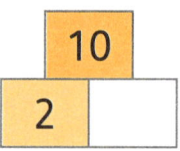 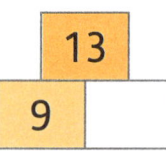

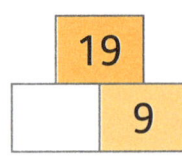   

3 Rechne. Welche Aufgaben findest du einfach? Kreuze an.

12 − 7 = ___ ☐	9 + 8 = ___ ☐	12 − 6 = ___ ☐
5 + 9 = ___ ☐	16 − 7 = ___ ☐	13 − 9 = ___ ☐
14 − 8 = ___ ☐	8 + 6 = ___ ☐	5 + 11 = ___ ☐
15 − 9 = ___ ☐	19 − 5 = ___ ☐	14 − 7 = ___ ☐
7 + 6 = ___ ☐	6 + 12 = ___ ☐	3 + 14 = ___ ☐
19 − 0 = ___ ☐	11 − 4 = ___ ☐	20 − 5 = ___ ☐

1 Rechenvorteile beim Lösen von Additions- und Subtraktionsaufgaben nutzen. **2** Zahlenmauern lösen. **3** Alle Aufgaben lösen. Verschiedene Strategien anwenden. Auswahl begründen und reflektieren.

→ Arbeitsheft, Seiten 73/74

Plus- und Minusaufgaben üben

1

+	4	6	3
11			
14			
12			

+	8	12	5
7			
1			
3			

+	9		11
6		14	
5			
	17		

−	5	2	6
20			
16			
17			

−	4	7	9
16			
9			
11			

−	2		3
11			
14		9	
			12

2

13 − 6 − 3   19 − 2 − 9   8 + 8 + 1   5 + 3 + 5 + 1
16 − 3 − 8   12 − 3 − 6   3 + 5 + 5   9 + 1 + 9 + 1
15 − 3 − 5   17 − 7 − 7   2 + 6 + 6   5 + 6 + 2 + 5
14 − 5 − 7   16 − 8 − 6   9 + 9 + 0   1 + 3 + 7 + 7
11 − 1 − 4   13 − 4 − 3   6 + 7 + 7   4 + 2 + 3 + 8

🗝 2 3 4   2 3 3   13 14 17   14 17 18
5 6 7   6 7 8   18 19 20   18 19 20

3 Wer kommt näher an die 10?

Würfelt mit 3 Würfeln.

Rechnet plus und minus.

• Würfelt mit 4 Würfeln.

Ich rechne so: 6 + 4 + 6 = 16

Ich schaffe 8: 6 + 6 − 4 = 8 Ich gewinne.

1 Additions- und Subtraktionsaufgaben in Tabellen üben, dabei Rechenvorteile nutzen.   2 Rechenvorteile beim Addieren und Subtrahieren mehrerer Summanden oder Subtrahenden nutzen.   3 Geschickt rechnen und Rechenwege im Heft notieren.

→ Arbeitsheft, Seiten 73/74

Gleichungen und Ungleichungen

1   8 + 2 ◯ 12   8 + 4 ◯ 12   9 + 5 ◯ 12

2
9 + 2 ◯ 13   7 + 5 ◯ 12   7 + 4 ◯ 15   4 + 8 ◯ 11
9 + 3 ◯ 13   7 + 8 ◯ 16   9 + 3 ◯ 15   8 + 3 ◯ 13
9 + 4 ◯ 13   7 + 6 ◯ 15   9 + 6 ◯ 18   6 + 4 ◯ 10
9 + 5 ◯ 13   7 + 9 ◯ 14   5 + 8 ◯ 12   3 + 9 ◯ 11
9 + 6 ◯ 13   7 + 7 ◯ 13   8 + 9 ◯ 10   9 + 5 ◯ 12

3
1 + 5 ◯ 4 + 3   7 + 6 ◯ 6 + 6   3 + 3 ◯ 2 + 3
2 + 5 ◯ 4 + 4   7 + 8 ◯ 6 + 8   7 + 7 ◯ 9 + 4
3 + 5 ◯ 4 + 2   7 + 3 ◯ 4 + 6   6 + 6 ◯ 8 + 6
4 + 5 ◯ 4 + 1   7 + 2 ◯ 7 + 4   4 + 4 ◯ 3 + 6
5 + 5 ◯ 4 + 6   7 + 5 ◯ 6 + 9   9 + 9 ◯ 8 + 7

4 Finde eigene Aufgaben.

____ + ____   > 9
____ + ____   > 10
____ + ____   < 16
____ + ____   < 13
____ + ____   = 14
____ + ____   = 17

5

1, 2 Rechensätze mit Zahlen vergleichen. Dabei die Zeichen <, > und = verwenden.   3 Rechensätze vergleichen.
4 Passende Additionsaufgaben zu Gleichungen und Ungleichungen finden.   5 Die Kinder ziehen jeweils zwei Zahlenkarten, bilden Additionsaufgaben und vergleichen ihre Ergebnisse. Dabei die Zahlenkarten von 0 bis 10 verwenden.

→ Arbeitsheft, Seite 75

Gleichungen und Ungleichungen

1

13 − 5 ◯ 9   13 − 4 ◯ 9   13 − 2 ◯ 9

2
14 − 4 ◯ 8	18 − 4 ◯ 15	16 − 4 ◯ 11	19 − 9 ◯ 10
14 − 5 ◯ 8	18 − 5 ◯ 11	17 − 8 ◯ 9	13 − 6 ◯ 8
14 − 6 ◯ 8	18 − 6 ◯ 12	15 − 6 ◯ 10	17 − 5 ◯ 13
14 − 7 ◯ 8	18 − 7 ◯ 10	13 − 7 ◯ 8	15 − 3 ◯ 11
14 − 8 ◯ 8	18 − 9 ◯ 9	20 − 7 ◯ 12	16 − 8 ◯ 8

3
13 − 6 ◯ 10 − 3	20 − 8 ◯ 17 − 6	20 − 9 ◯ 18 − 9
14 − 6 ◯ 10 − 1	20 − 7 ◯ 16 − 3	15 − 5 ◯ 14 − 5
15 − 6 ◯ 10 − 0	20 − 6 ◯ 15 − 2	10 − 4 ◯ 12 − 5
16 − 6 ◯ 10 − 6	20 − 5 ◯ 19 − 3	14 − 7 ◯ 16 − 8
17 − 6 ◯ 10 − 7	20 − 4 ◯ 19 − 7	11 − 4 ◯ 17 − 9

4 Finde eigene Aufgaben.

___ − ___ < 9
___ − ___ > 12
___ − ___ = 14
___ − ___ < 16
___ − ___ > 13
___ − ___ = 9

5

1, 2 Rechensätze mit Zahlen vergleichen. Dabei die Zeichen <, > und = verwenden.   3 Rechensätze vergleichen.
4 Passende Subtraktionsaufgaben zu Gleichungen und Ungleichungen finden.   5 Die Kinder ziehen jeweils zwei Zahlenkarten, bilden Subtraktionsaufgaben und vergleichen ihre Ergebnisse. Dabei die Zahlenkarten von 0 bis 20 verwenden.

→ Arbeitsheft, Seite 76

Figuren legen

1 Lege unterschiedlich aus.
Zähle. Schreibe auf.

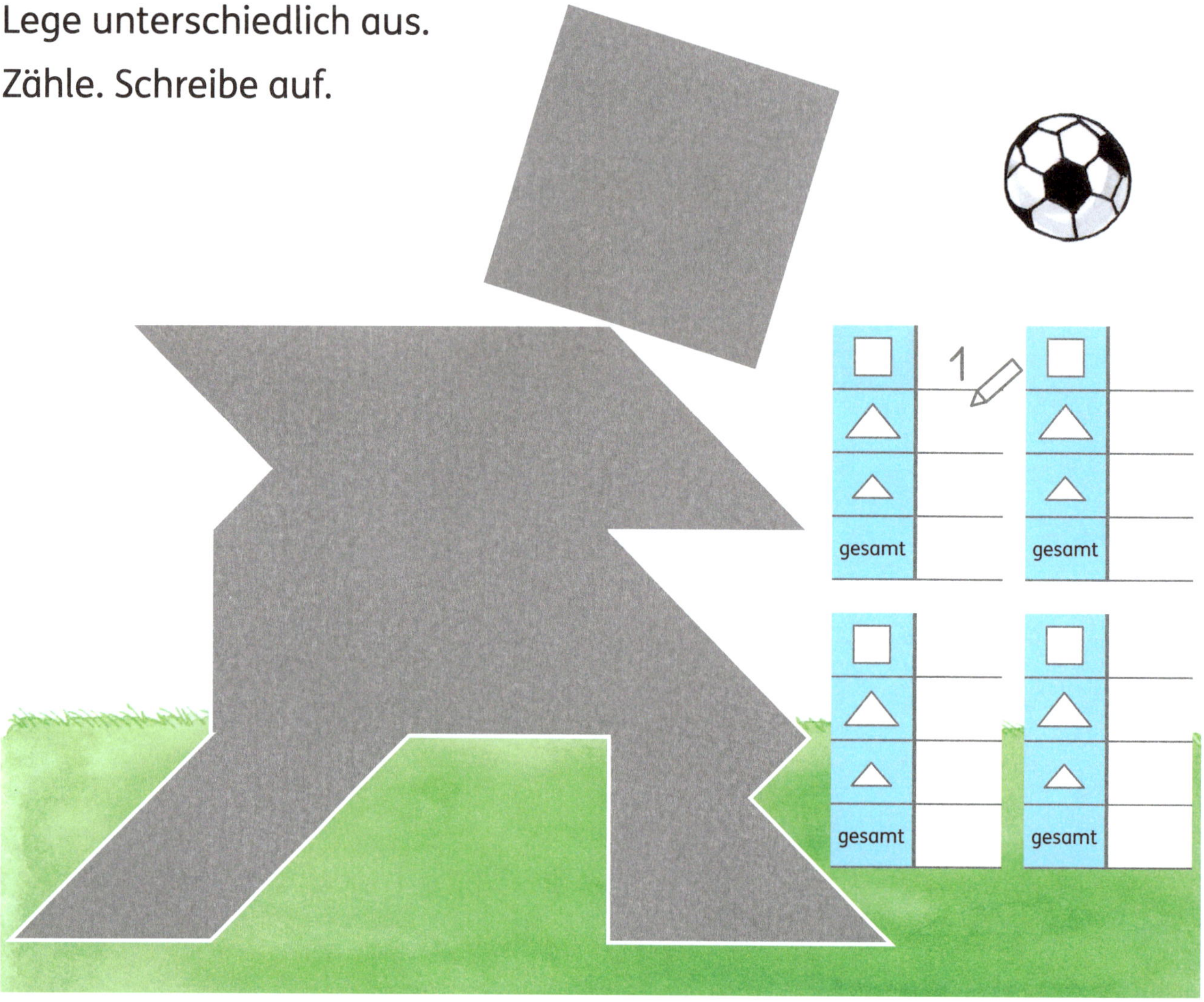

2 Lege nach und zähle. Schreibe auf.

Finde weitere Möglichkeiten. Vergleiche.

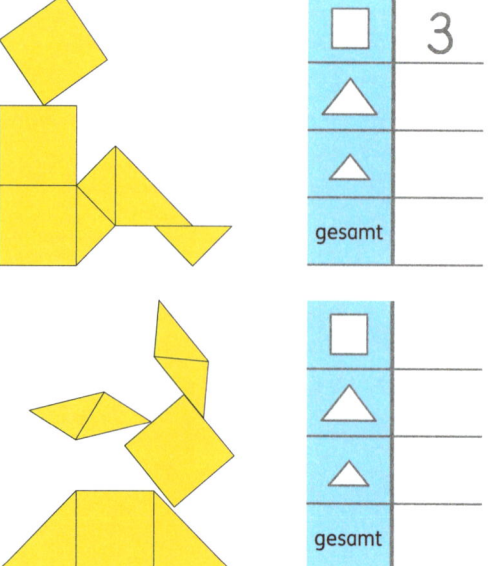
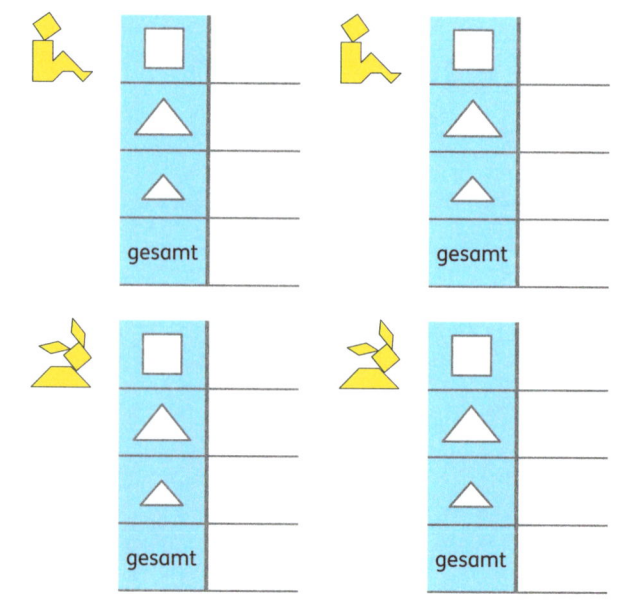

Figuren legen

1 Legt und beschreibt.

2 Lege. Immer 8 Quadrate.

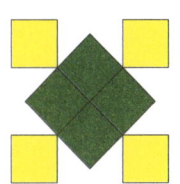   

Lege. Immer 8 Dreiecke.

Lege. Immer 4 Dreiecke und 4 Quadrate.

1 Eigene Figuren finden und einem Partner oder einer Partnerin beschreiben. 2 Mit der angegebenen Anzahl an Formen die Figuren nachlegen, ggf. weitere Figuren finden.

Muster zeichnen

1

2 Zeichne Muster.

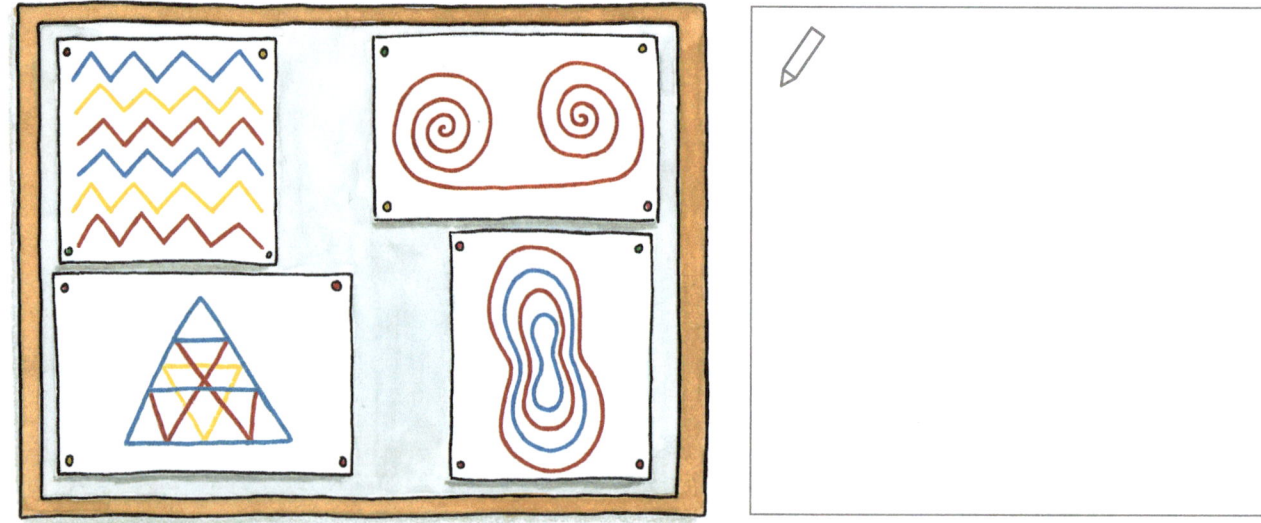

3 Wie geht es weiter? Zeichne.

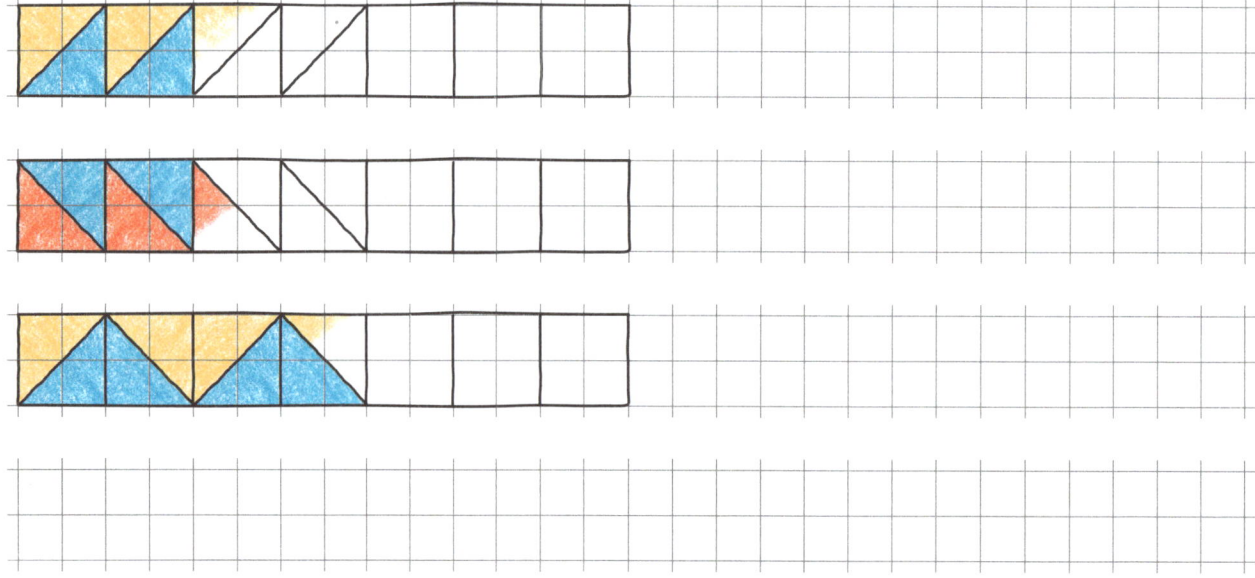

1 Muster freihändig bzw. im Karoraster zeichnen und fortsetzen. Muster beschreiben. Besprechen, wann der Einsatz eines Lineals sinnvoll ist.   2 Eigene Muster freihändig zeichnen.   3 Angefangene Muster fortsetzen und färben. Ein weiteres eigenes Muster zeichnen.

→ Arbeitsheft, Seite 78

Geobrett

○ 1

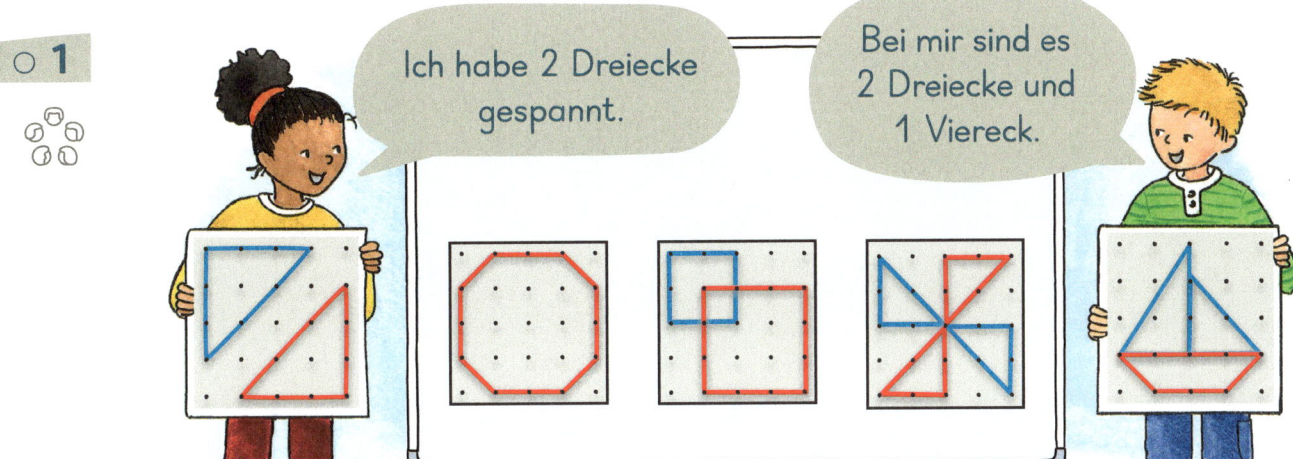

○ 2 Spanne und zeichne die Figuren.

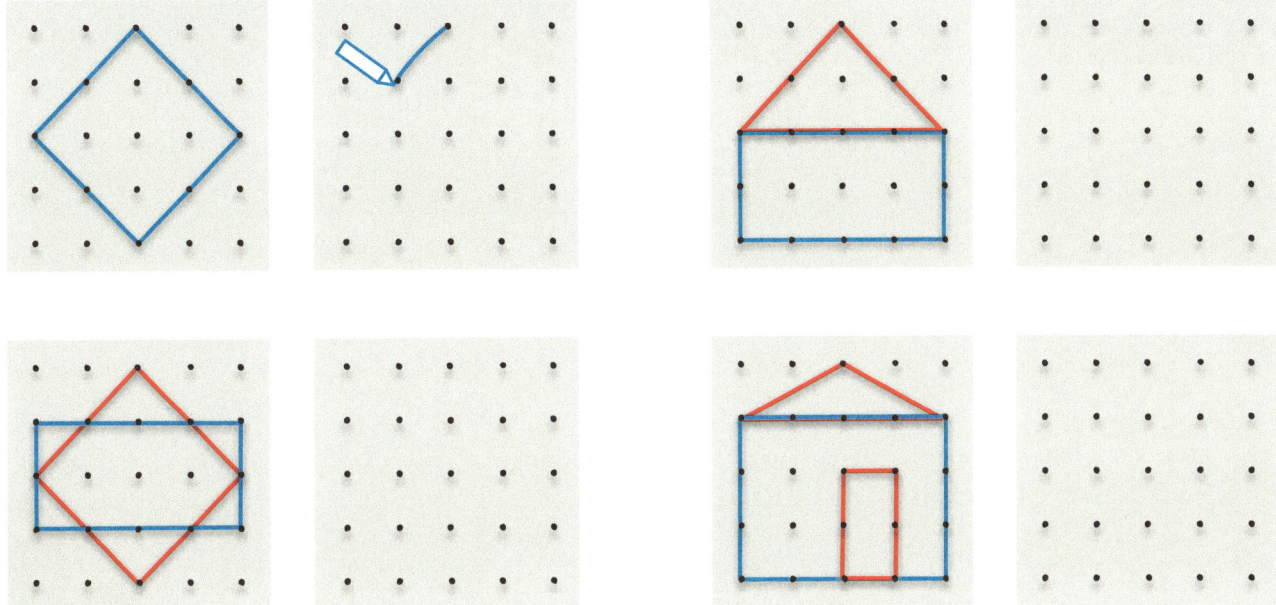

● 3 Auf dem Geobrett sind Formen gespannt. Zähle und notiere.

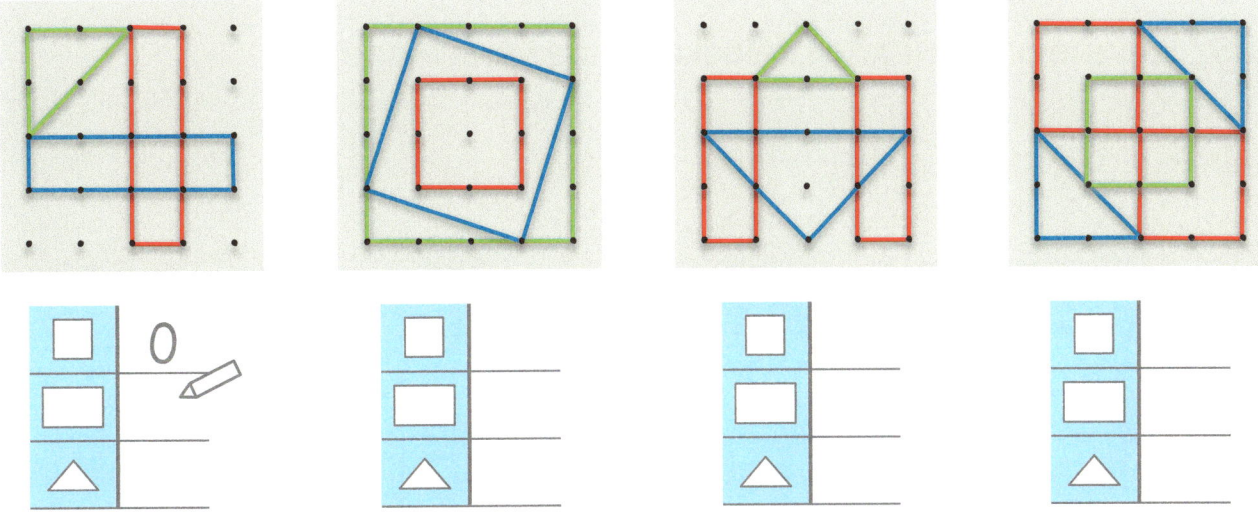

1 Figuren auf dem Geobrett nachspannen und beschreiben. Gegebenenfalls darauf hinweisen, dass in dem Boot des Jungen ein Viereck zu sehen ist, welches weder Quadrat noch Rechteck ist. 2 Figuren nachspannen und anschließend in das leere Geobrett-Raster einzeichnen. 3 Figuren spannen, geometrische Formen erkennen und deren Anzahlen notieren.

→ Arbeitsheft, Seite 79

Geobrett

1 Spanne und zeichne Vierecke.

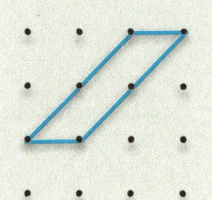 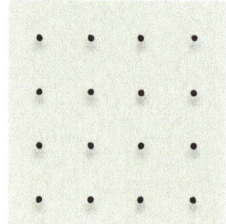 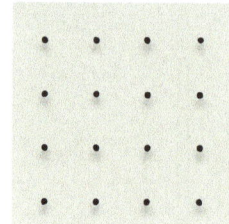 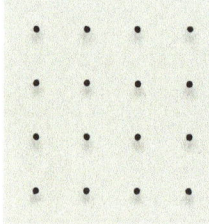

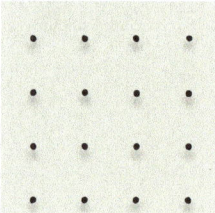 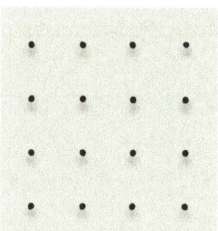 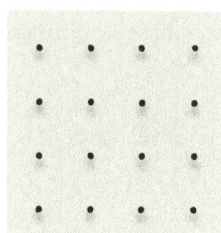 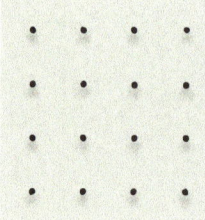

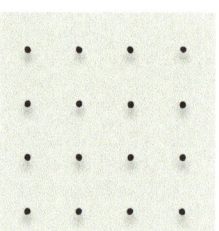 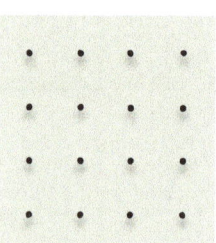 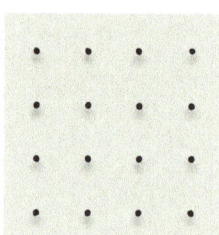 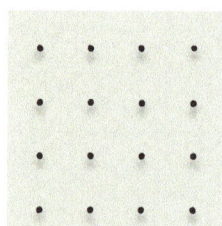

2 Spanne und zeichne Quadrate.

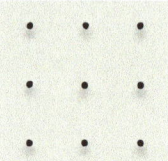 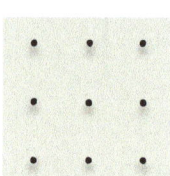 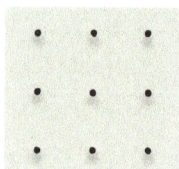 

3 Spanne und zeichne Dreiecke. Finde verschiedene.

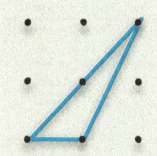 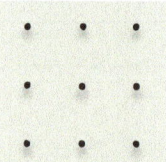 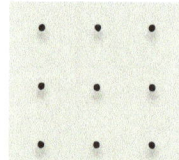 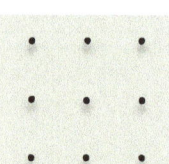

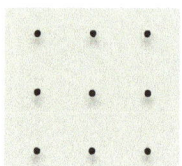

106 1–3 Geometrische Formen spannen und zeichnen. 1 Gegebenenfalls darauf hinweisen, dass nicht nur Rechtecke und Quadrate Vierecke sind.

→ Arbeitsheft, Seite 79

Wege finden

1 Beschreibt euch gegenseitig verschiedene Wege zu den Formen.

nach rechts →
nach links ←
nach oben ↑
nach unten ↓

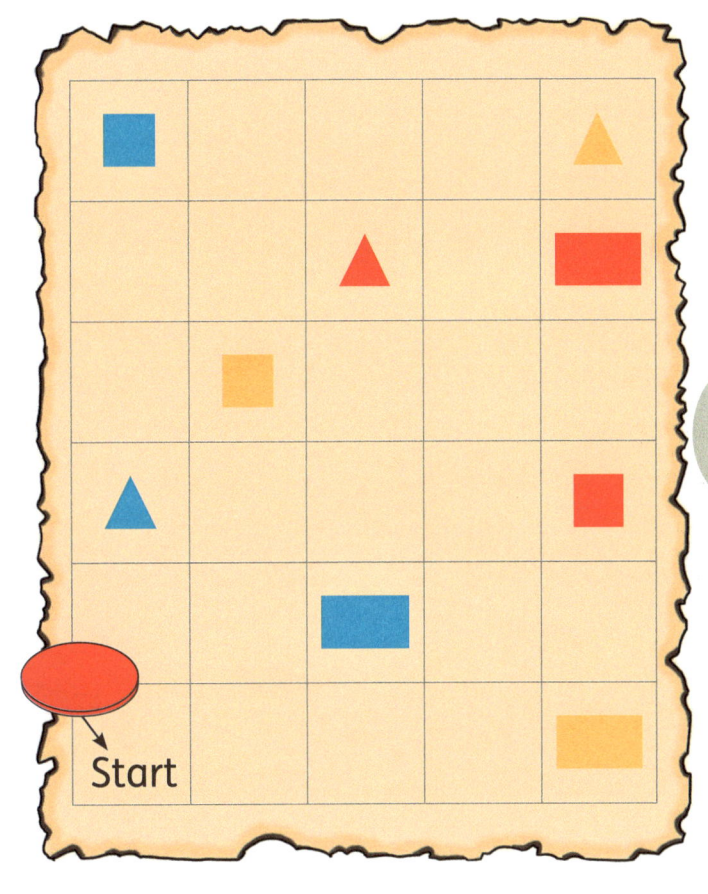

Gehe 1 Feld nach rechts, 5 nach oben und 1 nach links!

Dort ist das blaue Quadrat.

2 Gehe den Weg, finde die Form und zeichne sie ein.

3↑ 2→ 1↓ 2← 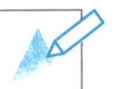   1↑ 1→ 1↑ 1→ 1↓ ☐

3→ 3↑ 3← 2↑ ☐   3↑ 2→ 2↓ 2→ 3↑ ☐

3→ 5↑ 1← 1↓ ☐   4→ 3↑ 2← 1↓ 2→ ☐

3 Finde kurze und lange Wege.

Würfelhausen

1 Baue nach und zähle. Wie viele Würfel brauchst du?

> der Würfel
> das Würfelgebäude
> der Bauplan
> nebeneinander
> übereinander

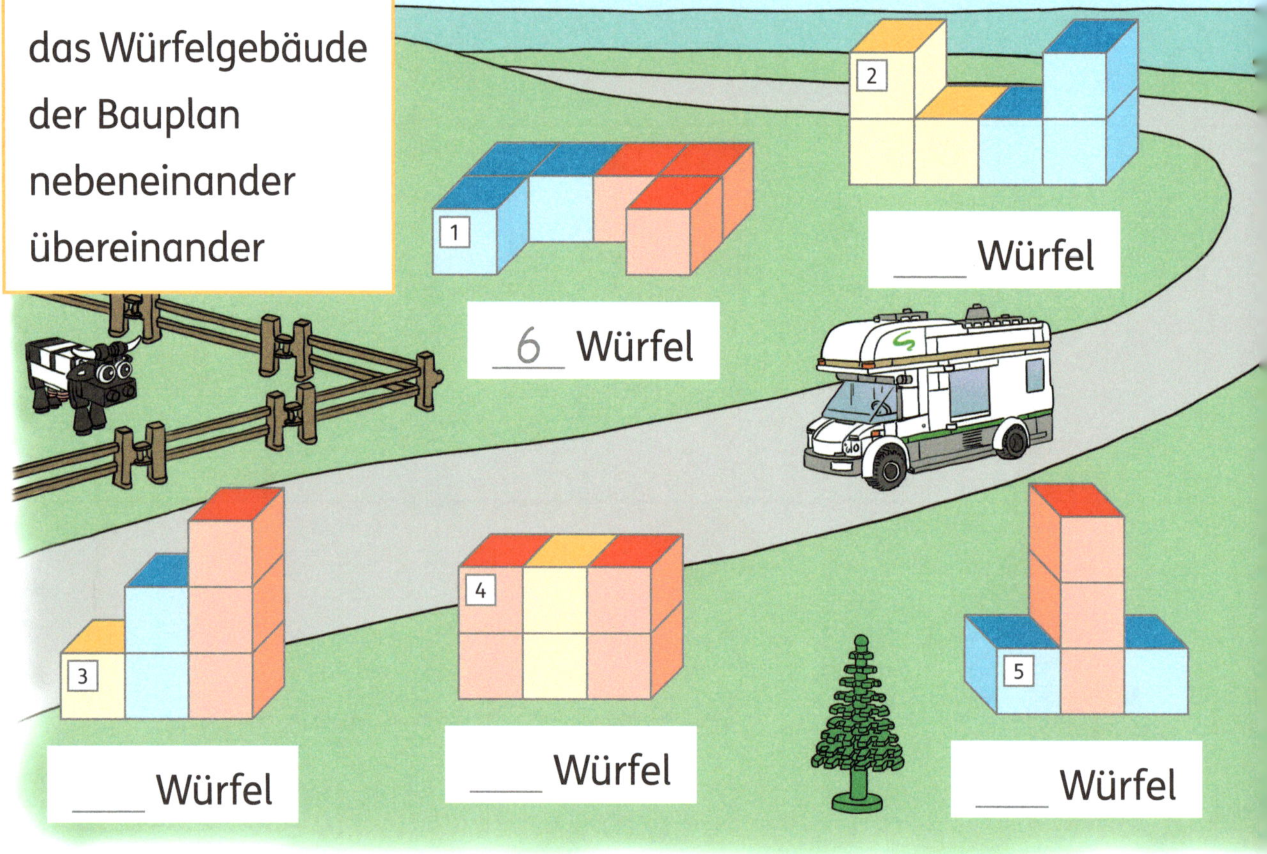

___ Würfel

_6_ Würfel

___ Würfel

___ Würfel

___ Würfel

2 Baue die Gebäude.

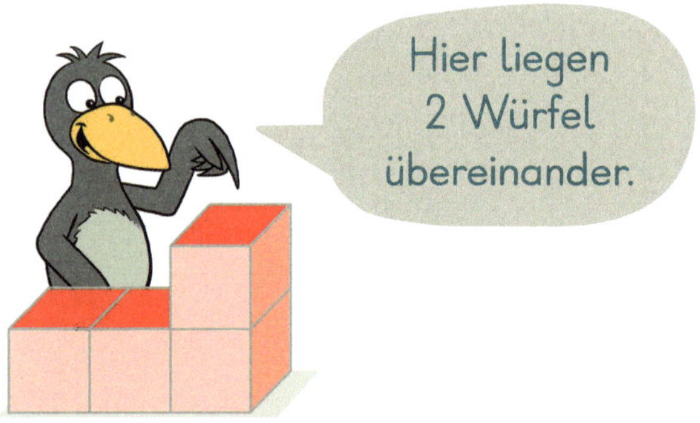

Hier liegen 2 Würfel übereinander.

1	1	2

3	2	2

1	1	1
		1

3	3	3
		1

3 Welche Gebäude gehören zu diesen Bauplänen?

1	1	1	1
1			1

1	3	1

2	1	1	2

Gebäude Nr. ____   Gebäude Nr. ____   Gebäude Nr. ____

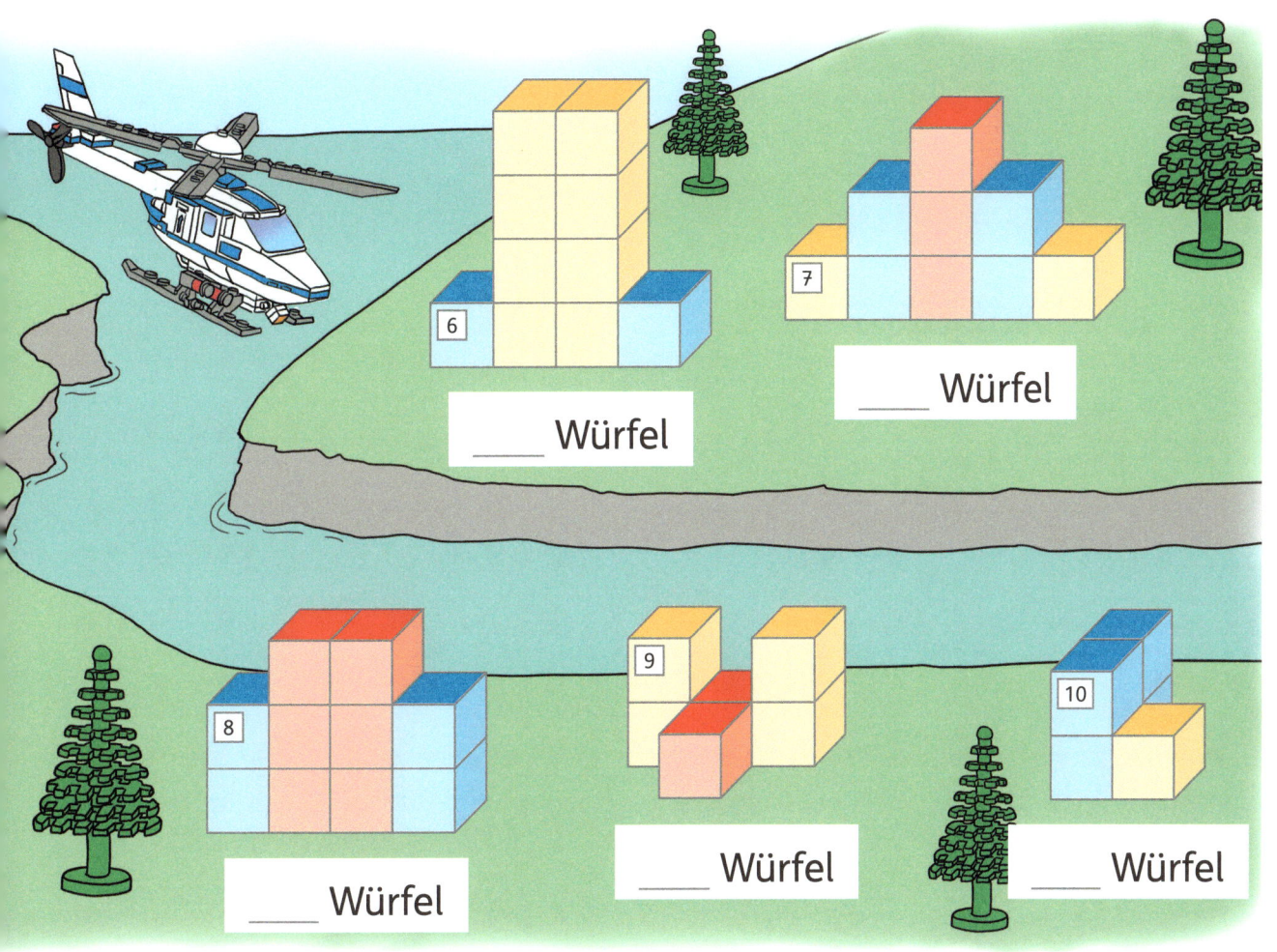

○ **4** Ergänze die Baupläne.

Gebäude Nr. _7_   Gebäude Nr. ___   Gebäude Nr. ___

| 1 | 2 | 2 | |

| | 1 | |
| | | |

| | 3 | 2 |

● **5** Baue selbst Gebäude und zeichne Baupläne.

2							
1							

4 Gebäude und Baupläne einander zuordnen, fehlende Würfelanzahlen in die Baupläne eintragen und Felder färben.
5 Eigene Gebäude bauen und die dazugehörigen Baupläne auf einem Raster zeichnen. Gegebenenfalls mit einem Partnerkind zusammenarbeiten.

→ Arbeitsheft, Seite 81

Wiederholung

1
8 + 4 = ___   4 + 7 = ___   2 + 9 = ___   9 + 9 = ___
5 + 7 = ___   6 + 8 = ___   4 + 8 = ___   8 + 6 = ___
3 + 8 = ___   3 + 9 = ___   6 + 7 = ___   7 + 7 = ___
6 + 6 = ___   8 + 5 = ___   7 + 5 = ___   5 + 9 = ___
7 + 9 = ___   9 + 6 = ___   8 + 3 = ___   6 + 5 = ___

11 12 12   11 11 12   11 11 12   11 13 14
12 15 16   13 14 15   12 12 13   14 14 18

2
16 − 8 = ___   11 − 5 = ___   18 − 9 = ___   16 − 9 = ___
14 − 7 = ___   12 − 6 = ___   12 − 7 = ___   13 − 5 = ___
13 − 6 = ___   17 − 8 = ___   14 − 5 = ___   15 − 6 = ___
12 − 4 = ___   13 − 9 = ___   16 − 7 = ___   17 − 9 = ___
15 − 9 = ___   15 − 7 = ___   11 − 4 = ___   14 − 8 = ___

5 6 7 8 8   4 6 6 7 8 9   5 7 8 9 9 9   6 7 7 8 8 9

3 <, > oder = ?

8 + 5 ◯ 11   5 + 6 ◯ 10   17 − 9 ◯ 9   13 − 5 ◯ 9
7 + 4 ◯ 11   2 + 9 ◯ 16   14 − 6 ◯ 8   14 − 8 ◯ 7
6 + 9 ◯ 15   7 + 5 ◯ 12   18 − 9 ◯ 8   15 − 8 ◯ 7
4 + 8 ◯ 13   6 + 7 ◯ 12   12 − 7 ◯ 5   12 − 3 ◯ 8
3 + 9 ◯ 11   9 + 8 ◯ 15   16 − 9 ◯ 5   11 − 7 ◯ 2

4

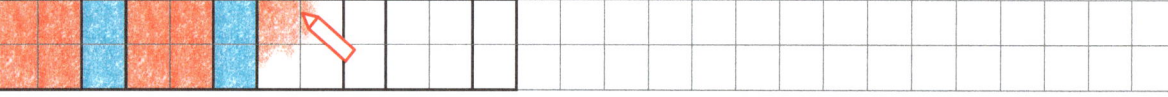

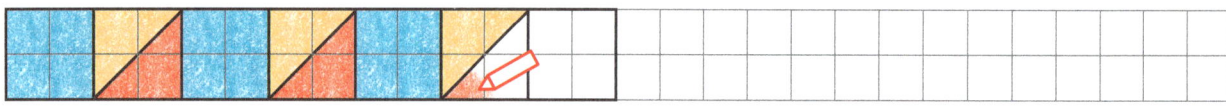

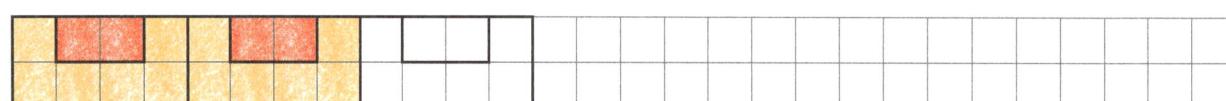

1 Additionsaufgaben üben. 2 Subtraktionsaufgaben üben. 3 Rechensätze mit Zahlen vergleichen. Dabei die Zeichen <, > und = nutzen. 4 Muster erkennen und fortsetzen.

→ Arbeitsheft, Seite 82

5

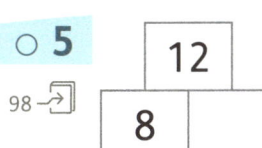 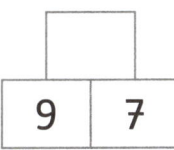

	12						13			11				
8			9	7			8		2			6	6	

	11						16	
	7		4	9		8		

6 Rechne geschickt.

2 + 4 + 6 = ___	12 − 6 − 2 = ___	5 + 8 + 5 + 1 = ___
5 + 9 + 5 = ___	14 − 3 − 7 = ___	4 + 7 + 3 + 2 = ___
3 + 8 + 8 = ___	18 − 8 − 9 = ___	9 + 5 + 0 + 1 = ___
7 + 7 + 3 = ___	16 − 8 − 6 = ___	7 + 2 + 3 + 8 = ___

🔑 12 17 18 19 19   1 2 2 4 4   15 16 18 19 20

7

7 + ___ = 13	___ − 8 = 4	___ + 6 = 14
13 − ___ = 8	___ − 6 = 5	6 + ___ = 12
4 + ___ = 11	___ + 9 = 15	16 − ___ = 7
15 − ___ = 8	___ + 5 = 14	___ + 8 = 16
18 − ___ = 9	___ − 4 = 9	___ − 5 = 8

🔑 5 6 7 7 8 9   5 6 9 11 12 13   6 8 8 9 10 13

8

12 − 6 ◯ 10 − 3	3 + 7 ◯ 4 + 7	5 + 2 ◯ 7 + 0
13 − 6 ◯ 10 − 4	5 + 6 ◯ 4 + 8	5 − 2 ◯ 7 − 0
14 − 6 ◯ 10 − 5	7 + 5 ◯ 5 + 7	5 + 3 ◯ 7 + 1
15 − 6 ◯ 10 − 6	9 + 4 ◯ 5 + 8	5 − 3 ◯ 7 − 1
16 − 6 ◯ 10 − 7	11 + 3 ◯ 6 + 7	5 + 4 ◯ 7 + 2

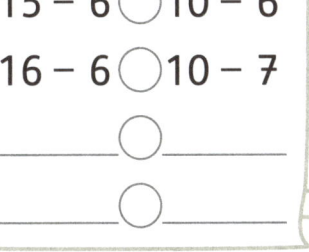
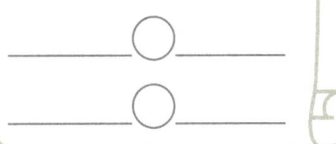

5 Zahlenmauer vervollständigen. **6** Aufgaben mit drei bis vier Summanden bzw. zwei Subtrahenden lösen.
7 Platzhalteraufgaben lösen. **8** Aufgabenrollen bearbeiten. Das vorgebene Muster erkennen und fortsetzen.

→ Arbeitsheft, Seite 82

Rückblick

1

```
        7                    18                   17
    5       2            14       4           10       7
```

5 + 2 = ___   14 + 4 = ___   10 + ___ = ___
2 + ___ =   ___ + ___ =   ___ + ___ =
7 − 2 = ___   18 − 4 = ___   17 − ___ =
7 − ___ =   ___ − ___ =   ___ − ___ =

2

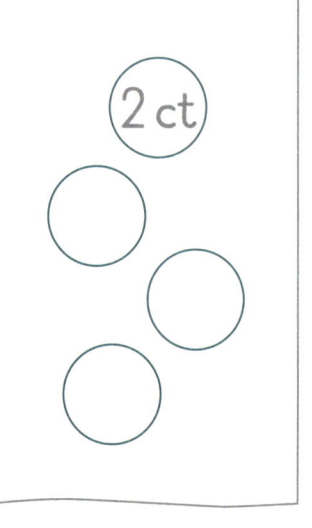

7 ct

11 ct

20 €

3

+	3	5	0
5	8		
1			
4			

+	4	6	1
12			
14			
11			

+		5	6
3		8	
10			14
13			

−	6	1	7
8	2		
9			
7			

−	3	8	5
19			
18			
20			

−			6
6		3	
10	9		
16			

1 Aufgabenfamilien vervollständigen und ausrechnen. 2 Beträge mit der angegebenen Anzahl an Münzen und Scheinen notieren. 3 Additions- und Subtraktionsaufgaben in Tabellen lösen.

Knobeln mit Blickrichtungen

1 Welches Kind sieht was? Male in der richtigen Farbe an.

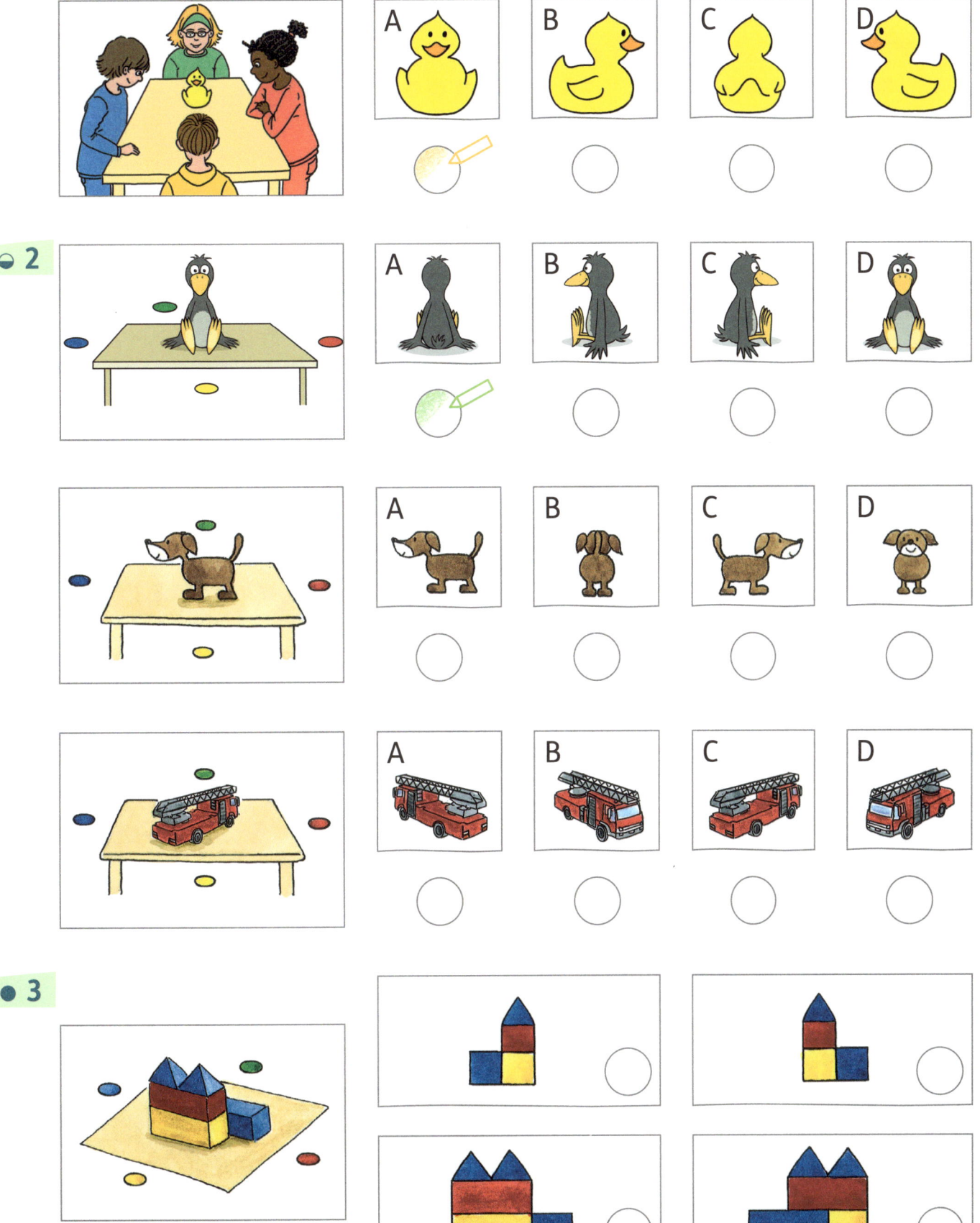

3

Aufgabenfamilien

1

Haus 1 (16 / 11 5):
11 + 5 = 16
5 + 11 = ___
16 − 5 = ___
16 − ___ = ___

Haus 2 (18 / 10 8):
10 + 8 = ___
8 + ___ = ___
18 − 8 = ___
18 − 10 = ___

Haus 3 (20 / 14 6):
14 + 6 = ___
___ + ___ = ___
20 − ___ = ___
___ − ___ = ___

2

Haus 1 (20 / 18 2):
18 + 2 = 20
___ + ___ = ___
___ − ___ = ___
___ − ___ = ___

Haus 2:
___ + ___ = ___
___ + ___ = ___
___ − ___ = ___
___ − ___ = ___

Haus 3:
___ + ___ = ___
___ + ___ = ___
___ − ___ = ___
___ − ___ = ___

3 Finde Rechenfehler.

Haus 1 (18 / 13 5):
13 + 5 = 18 ✓
5 + 13 = ~~13~~ 18 ☐
18 − 5 = 18 ☐
18 − 13 = 5 ☐

Haus 2 (16 / 9 7):
9 + 7 = 16 ☐
7 + 9 = 16 ☐
16 − 7 = 7 ☐
16 − 9 = 9 ☐

Haus 3 (17 / 8 9):
8 + 9 = 17 ☐
9 + 8 = 17 ☐
17 − 9 = 9 ☐
17 − 8 = 8 ☐

1 Aufgabenfamilien vervollständigen und ausrechnen. Die drei Zahlen im Dach lassen sich aus jeder einzelnen Aufgabe einer Familie ableiten. 2 Aufgabenfamilien mithilfe von vorgegebenen Zwanzigerfeldern finden und ausrechnen. 3 Rechenfehler in den Aufgabenfamilien finden und korrigieren.

→ Arbeitsheft, Seite 84

Aufgabenfamilien

1

House 1 (roof: 8, 6, 2):
6 + 2 = ___
2 + 6 = ___
8 − 2 = ___
8 − 6 = ___

House 2 (roof: 10, 7, 3):
7 + 3 = ___
___ + ___ = ___
10 − 3 = ___
___ − ___ = ___

House 3 (roof: 13, 9, 4):
___ + ___ = ___
___ + ___ = ___
___ − ___ = ___
___ − ___ = ___

House 4 (roof: ___, 5, 4):
5 + 4 = ___
___ + ___ = ___
9 − ___ = ___
___ − ___ = ___

House 5 (roof: 12, ___, ___):
10 + 2 = ___
___ + ___ = ___
12 − ___ = ___
___ − ___ = ___

House 6 (roof: 15, ___, ___):
8 + 7 = ___
___ + ___ = ___
15 − ___ = ___
___ − ___ = ___

2

House 7 (roof: ___, ___, ___):
7 + 0 = ___
___ + ___ = ___
___ − ___ = ___
___ − ___ = ___

House 8 (roof: ___, ___, ___):
___ + ___ = ___
5 + 14 = ___
___ − ___ = ___
___ − ___ = ___

House 9 (roof: ___, ___, ___):
___ + ___ = ___
___ + ___ = ___
16 − 9 = ___
___ − ___ = ___

3 Schreibe Aufgabenfamilien.

Roof 1: ___, 9, 9
Roof 2: ___, ___, 7
Roof 3: 17, ___, ___

1, 2 Alle Aufgaben ergeben sich aus den vorgegebenen Zahlen im Dach eines Hauses. Die drei Zahlen im Dach lassen sich aus jeder einzelnen Aufgabe einer Familie ableiten. **3** Im Heft lösen, als Päckchen ohne Dach. Für die letzten beiden Häuser gibt es mehrere Möglichkeiten.

→ Arbeitsheft, Seite 84

Zauberdreiecke

○ 1

○ 2

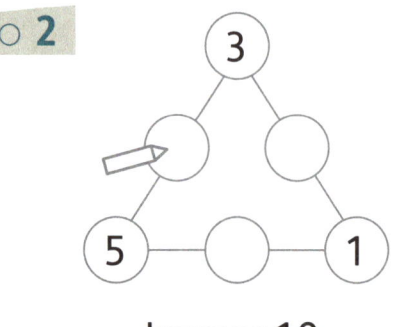
Immer 10.

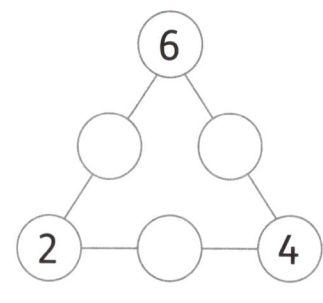
Immer 11.

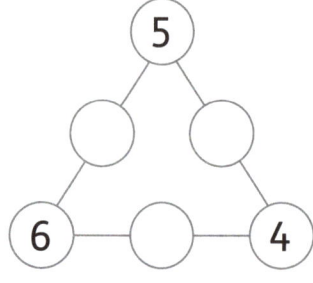
Immer 12.

○ 3

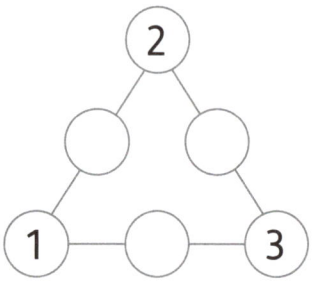
Immer 10.

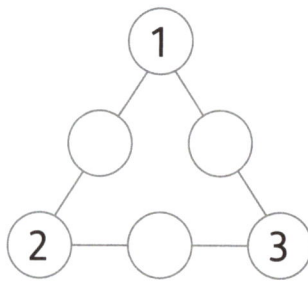
Immer 11.

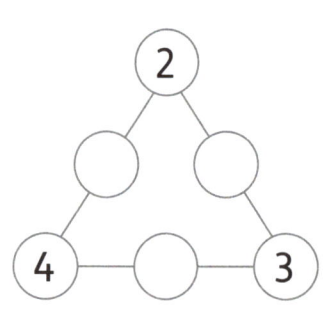
Immer 12.

○ 4

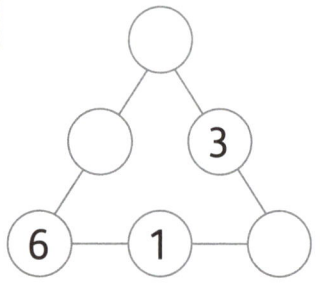
Immer 12.

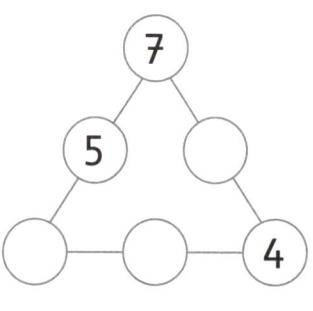
Immer 13.

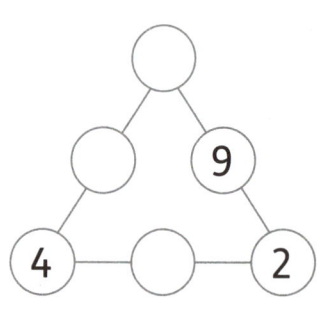
Immer 14.

Zauberdreiecke

1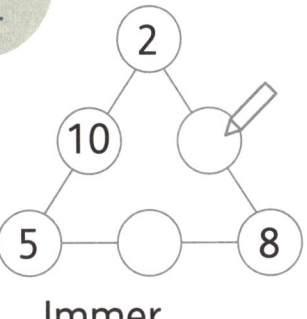

Hier fehlt die Zauberzahl.

Ich rechne sie aus: 2 + 10 + 5 = ____.

Immer ____.

2

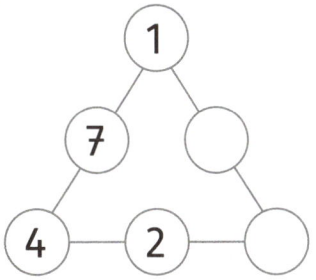 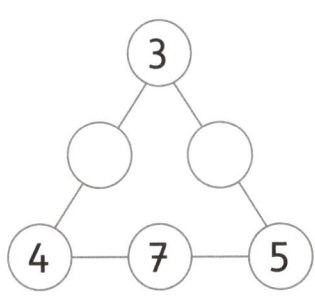 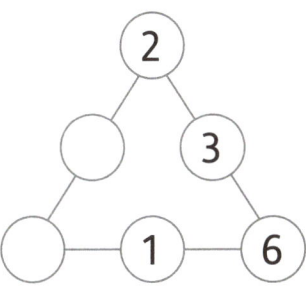

Immer ____.   Immer ____.   Immer ____.

3 Löse durch Probieren.

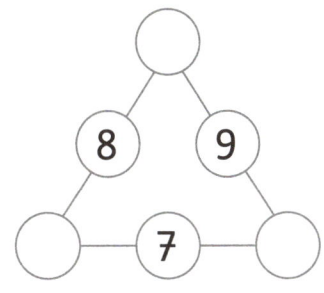 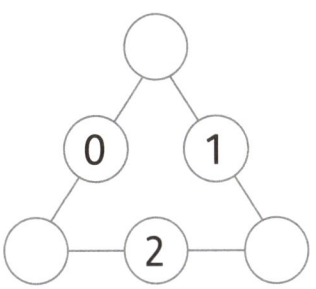 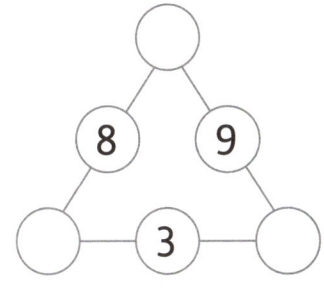

Immer 12.   Immer 13.   Immer 14.

4 Bilde Dreiecke mit den Zauberzahlen 15, 16, 17 und 18.

Jede Zahl darf in einem △ nur einmal vorkommen.

1, 2 Zunächst die Zauberzahl und dann die anderen fehlenden Zahlen berechnen.   3, 4 Aufgaben durch Probieren mit den Zahlenkarten lösen.   3 Es werden nur die Zahlenkarten von 0 bis 9 benötigt.   4 Es dürfen nur die Zahlenkarten von 1 bis 9 verwendet werden.

→ Arbeitsheft, Seite 85

Zahlenmauern

1 Rechne und beschreibe. 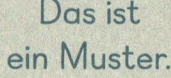 Das ist ein Muster.

2

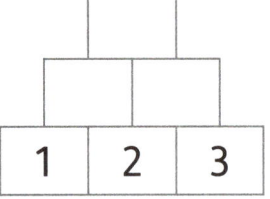 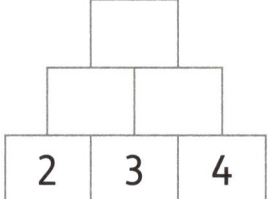 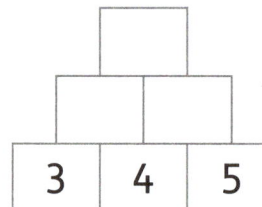 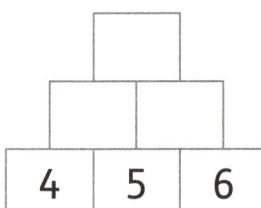

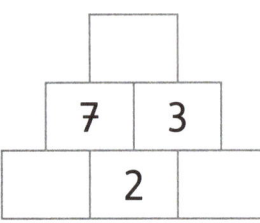 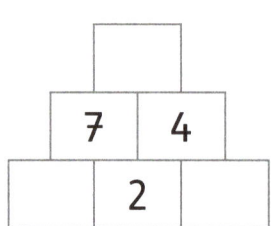 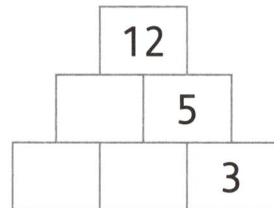 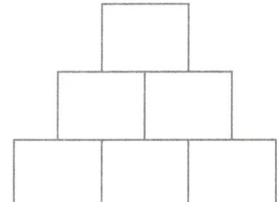

3 Finde verschiedene Zahlenmauern.

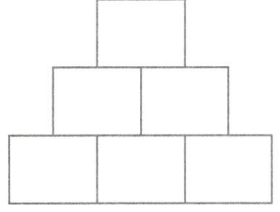 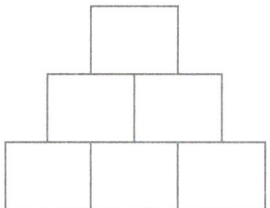 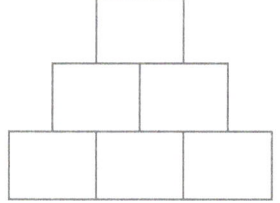

4

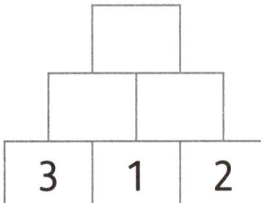

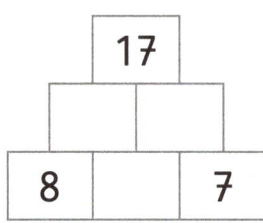 

Ich weiß, wie es weitergeht.

118

1 Vorgehensweise bei Zahlenmauern mit drei Stockwerken besprechen. Die arithmetischen Muster in den Mauern beschreiben.
2 Zahlenmauern lösen. Auf Muster in den Mauern hinweisen.   3 Eigene Zahlenmauern (ggf. mit Mustern) finden.
4 Muster erkennen und fortführen.

→ Arbeitsheft, Seite 86

Zahlenmauern

○ 1

Ich fange mit der größten Zahl an. Sie muss in die ____ Reihe.

Ich beginne mit der kleinsten Zahl. Sie muss ...

○ 2 Legt Zahlenmauern.

| 7 | 6 | 4 |
| 5 | 13 | 2 |

| 7 | 9 | 6 |
| 4 | 2 | 15 |

| 9 | 11 | 2 |
| 17 | 4 | 6 |

| 3 | 1 | 13 |
| 2 | 10 | 8 |

| 2 | 4 | 6 |
| 8 | 10 | 16 |

| 7 | 19 | 10 |
| 2 | 8 | 9 |

● 3 Legt Zahlenmauern. Welche Karte bleibt übrig?

| 9 | 3 | 6 |
| 4 | 16 | 7 | 1

| 10 | 3 | 8 |
| 5 | 18 | 7 | 12

| 8 | 3 | 6 |
| 11 | 13 | 20 | 9

● 4 Legt Zahlenmauern. Welche Karte fehlt?

Findet ihr mehrere Lösungen?

7, 3, 15, 8, 4

2, 14, 6, 8, 4

8, 5, 1, 13, 4

1 Gemeinsam Strategien erarbeiten, Mauern aufzubauen. 2–4 Die Zahlenmauern mit Zahlenkarten zusammensetzen. Muster erkennen und legen.

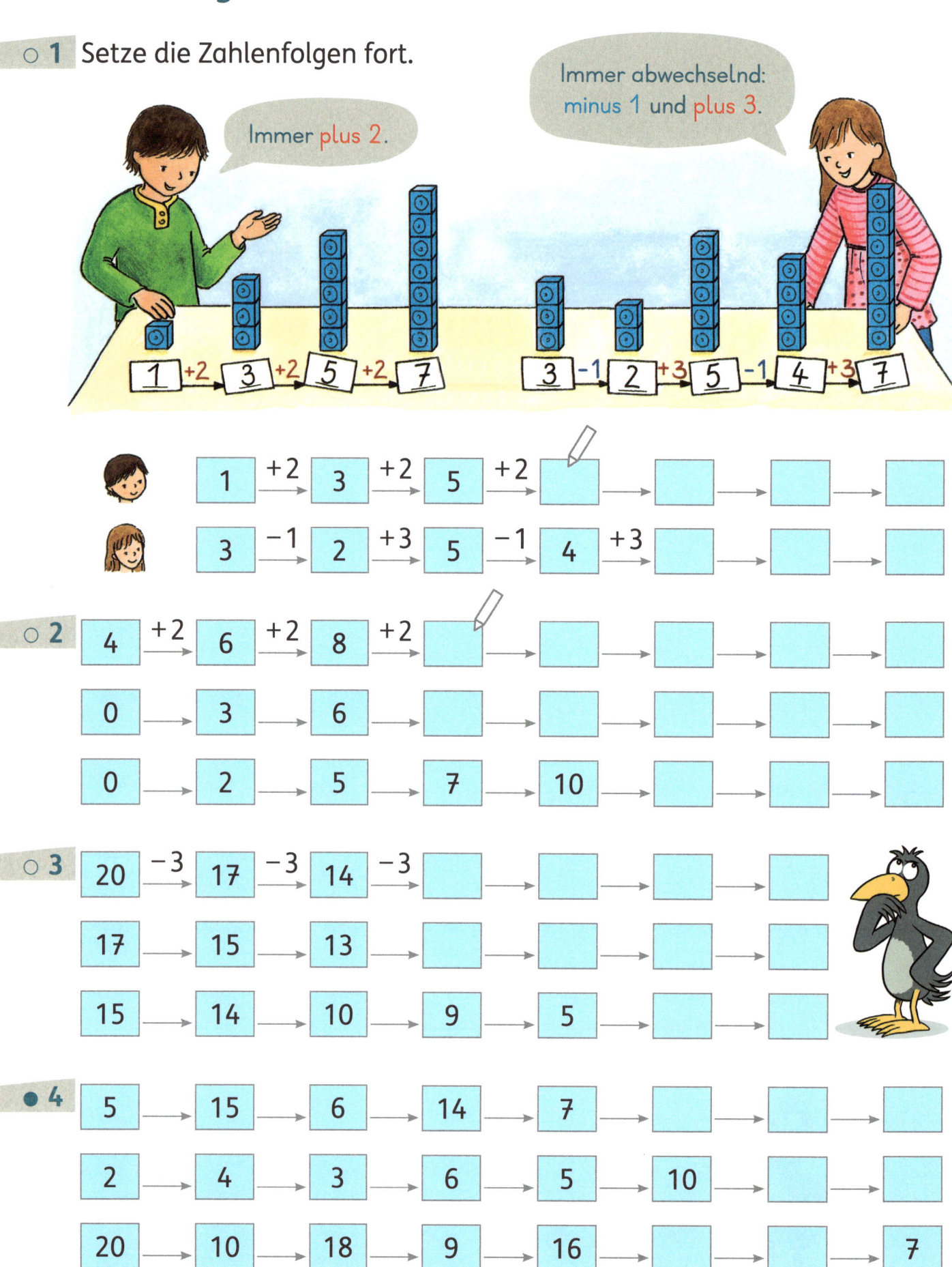

Kombinieren

1 Der Rabe macht ein Foto von seinen 3 Freunden.
Wie können sie sich nebeneinander stellen?

2 Welche Möglichkeiten hast du, die Steckwürfel anzuordnen? Färbe.

Du hast: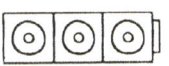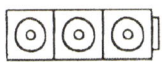

    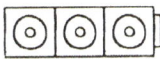 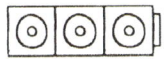

Du hast:

   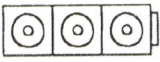 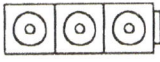 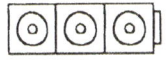

Du hast: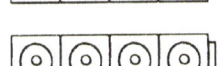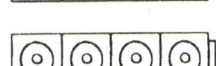

3 Du hast: Die blauen Steckwürfel sollen nebeneinander liegen.

    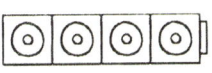 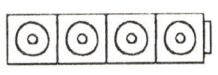 

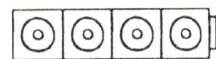 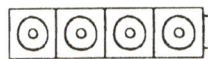

Du hast: Die blauen Steckwürfel sollen nicht nebeneinander liegen.

    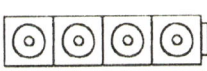 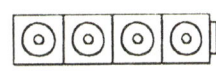 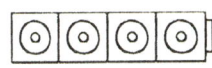

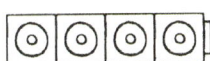 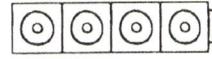 

1–3 Aufgaben zur Kombinatorik handelnd und zeichnerisch lösen.   1 Die Situation in der Klasse nachspielen.
2, 3 Die verschiedenen Möglichkeiten mit Steckwürfeln nachbauen.

→ Arbeitsheft, Seite 88

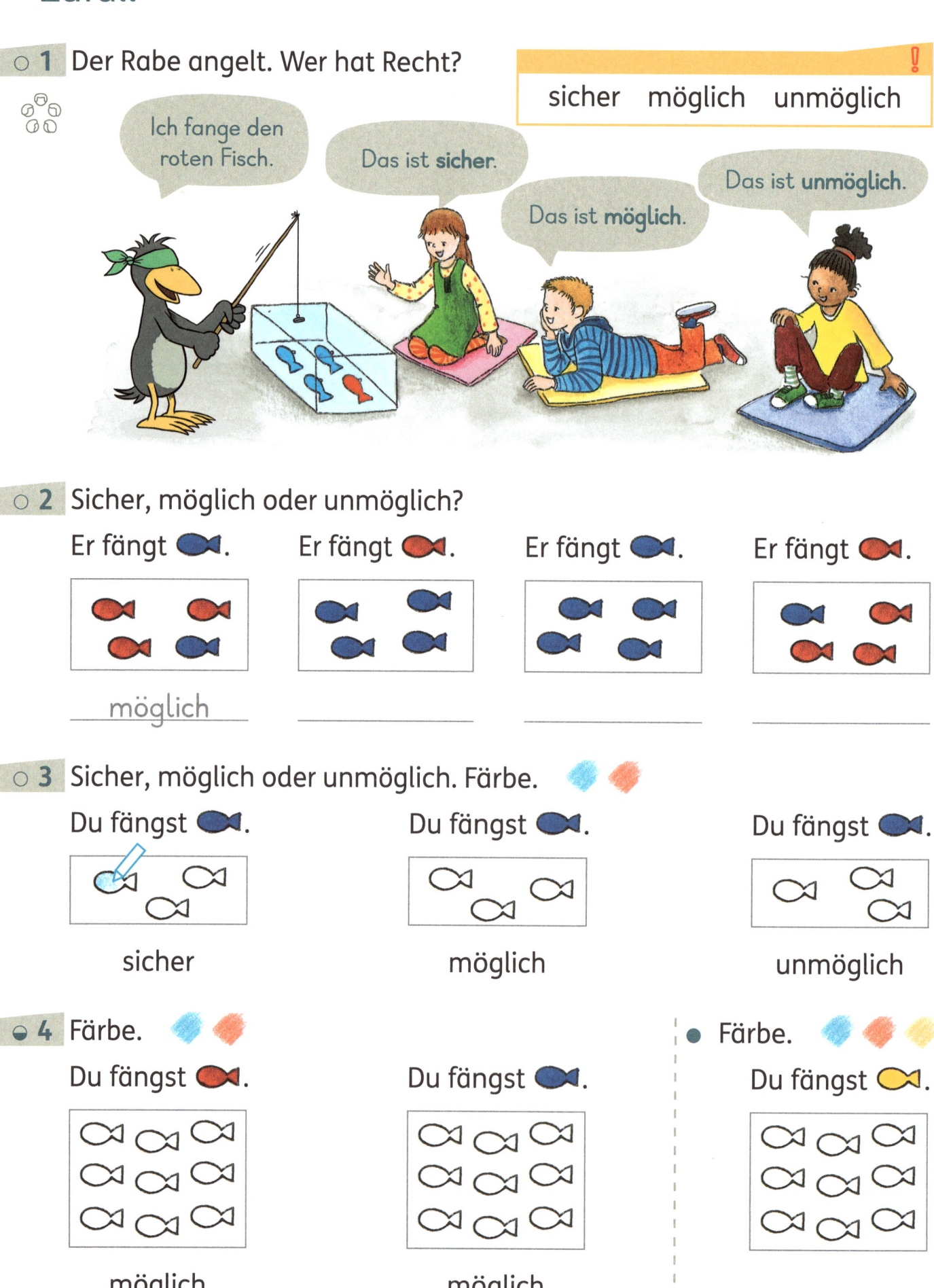

Zufallsversuche

1 Anton und Paula werfen das Wendeplättchen 20-mal. Wer wird wohl gewinnen?

2 Werft 20-mal ein Wendeplättchen. Spielt 4 Runden.

1. Runde: 2. Runde: 3. Runde:

   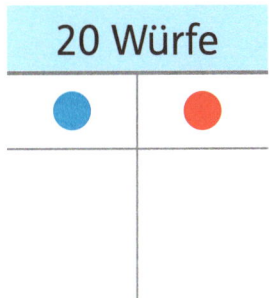

Was stellt ihr fest? _____

3 Werft jetzt immer 2 Wendeplättchen.

1. Runde: 2. Runde: 3. Runde:

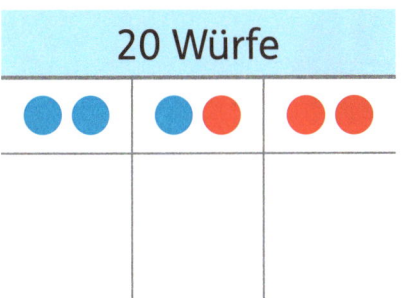   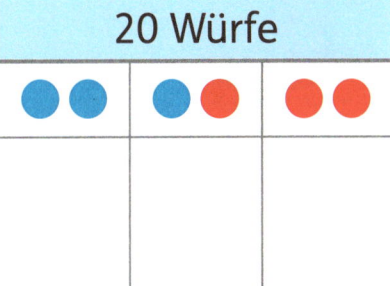

Was wird besonders häufig geworfen?   • Warum ist das so?
Kreuzt an und vergleicht in der Klasse.   Begründe.

1, 2 Plättchenspiel spielen und Häufigkeit der Ereignisse notieren. Spielverläufe miteinander vergleichen.   3 Jeweils zwei Plättchen werfen, Häufigkeit der drei möglichen Ereignisse notieren. Über die Häufigkeitsverteilung sprechen (häufiger als, besonders häufig, selten, weniger häufig als, gleich häufig usw.).

Die Uhrzeit

der Stundenzeiger
der Minutenzeiger

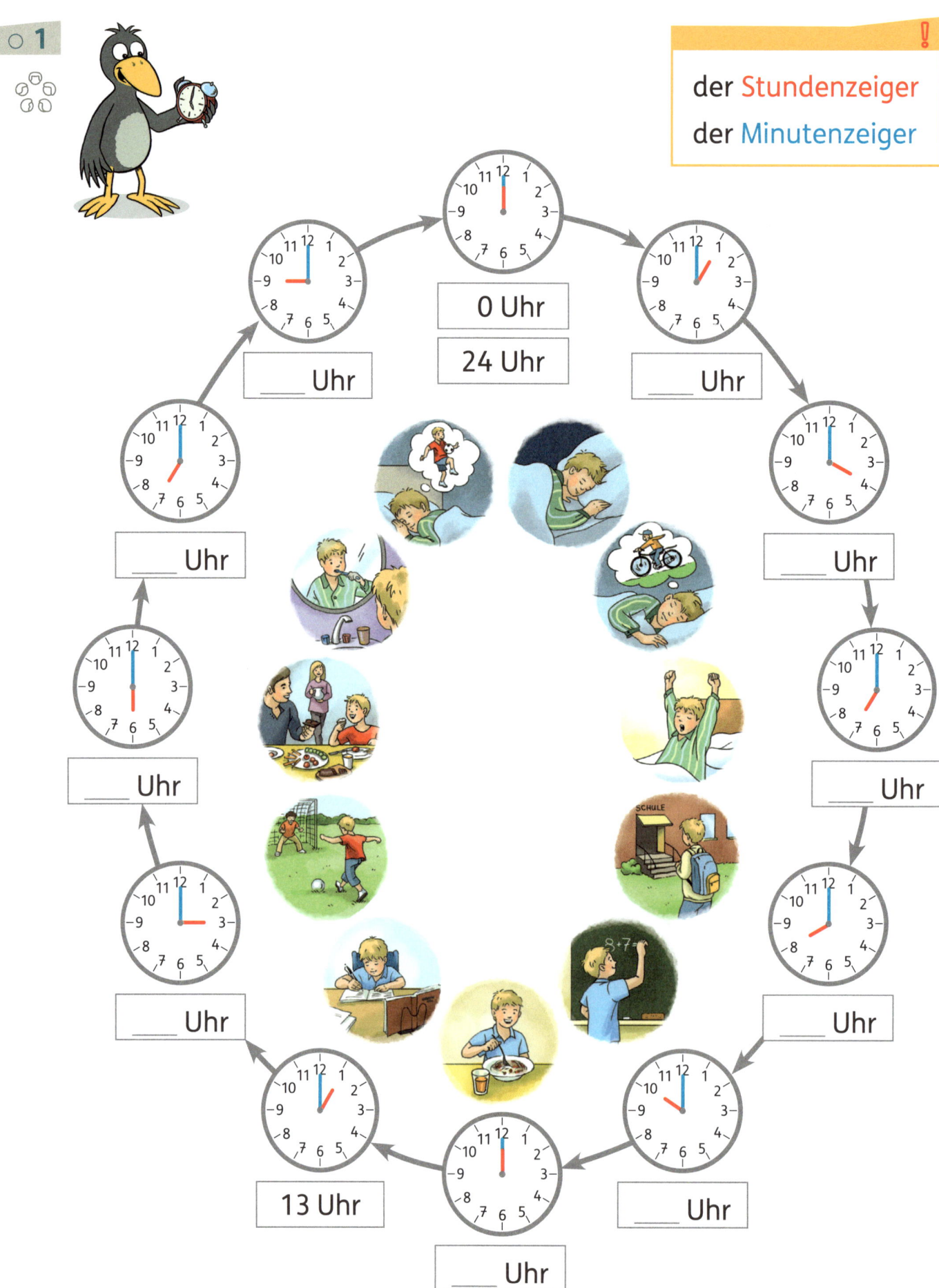

124 1 Tätigkeiten den Uhrzeiten zuordnen und zum Tagesablauf erzählen. Angeben, welche Uhrzeiten (volle Stunden) fehlen. Den eigenen Tagesablauf beschreiben und die Unterschiede erklären. Begriffe wie „morgens", „nachts", „davor" und „danach" richtig verwenden.

→ Arbeitsheft, Seite 90

Die Uhrzeit

 1

 2 Zeichne die Uhrzeiten ein.

 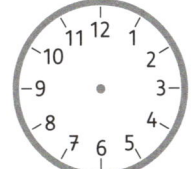   

3 Uhr   11 Uhr   17 Uhr   9 Uhr   23 Uhr

15 Uhr   5 Uhr   13 Uhr   20 Uhr   12 Uhr

3 Wie spät könnte es sein?

1 Über Uhrzeiten im Alltag reden.   2 Uhrzeiten (volle Stunden) einzeichnen.   3 Uhrzeiten mit Tageszeiten und Aktivitäten in Verbindung bringen, einzeichnen und Uhrzeit notieren.

→ Arbeitsheft, Seite 90

Der Kalender

1

1 Jahr = 12 Monate   1 Woche = 7 Tage

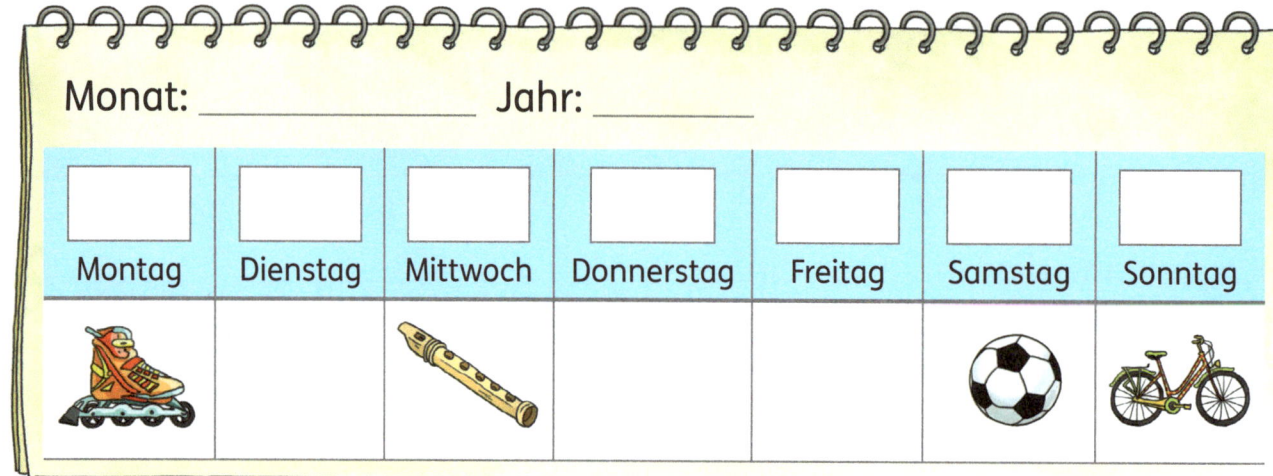

2 Wie heißen die fehlenden Tage?

Dienstag → Mittwoch → Donnerstag → _____

_____ → Montag → _____ → Mittwoch

_____ → _____ → _____ → Dienstag

3 Schau in den Kalender.

	heute	morgen	übermorgen
Wochentag			

	vorgestern	gestern	heute
Wochentag			

4 Heute ist _____, der _____.

In 2 Tagen ist _____, der _____.

In 7 Tagen ist _____, der _____.

Vor 3 Tagen war _____, der _____.

Vor 14 Tagen war _____, der _____.

Mit Fragen arbeiten

1 Welche Fragen passen zum Bild? Kreuze sie an und antworte.

☐ Was ist am teuersten?

☐ Wie alt ist Ronja?

☐ Wie viel Geld hat Ronja?

☐ Ronja möchte zwei Geschenke kaufen. Welche kann sie kaufen?

2 Welche Fragen passen zum Bild? Kreuze sie an und antworte.

☐ Wie alt wird Max?

☐ Für wie viele Kinder muss der Tisch gedeckt werden?

☐ Wann hat seine Mutter Geburtstag?

☐ Wie alt ist Max in 8 Jahren?

1, 2 Entscheiden, welche Fragen beantwortet werden können und welche aufgrund fehlender Information nicht.
1 Auf die letzte Frage gibt es unterschiedliche Antwortmöglichkeiten.

Mit Skizzen arbeiten

1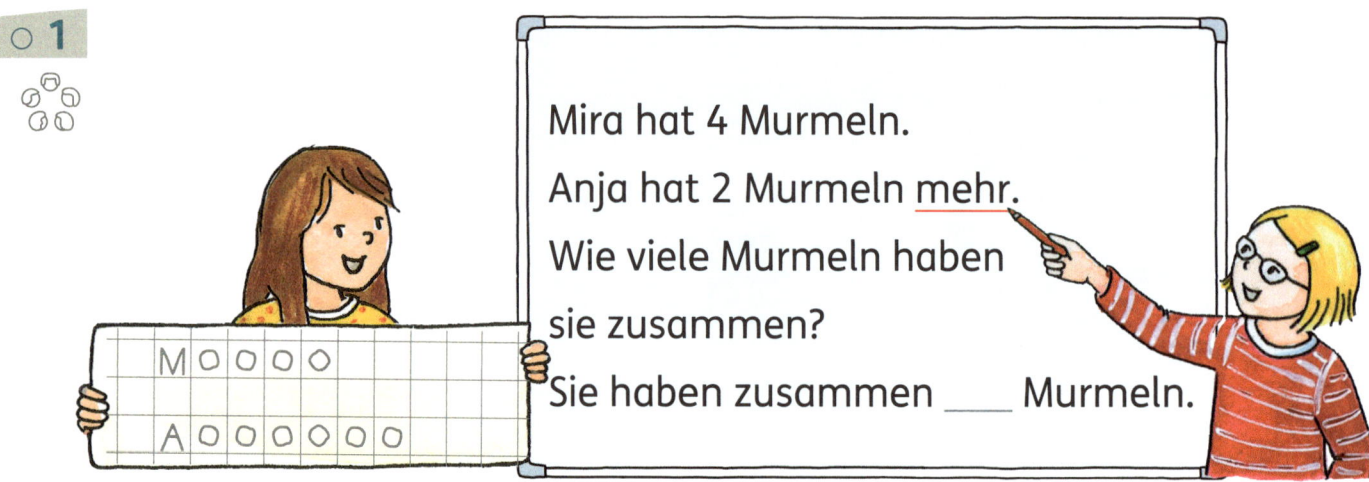

2 Wie viele Murmeln haben die Kinder zusammen?

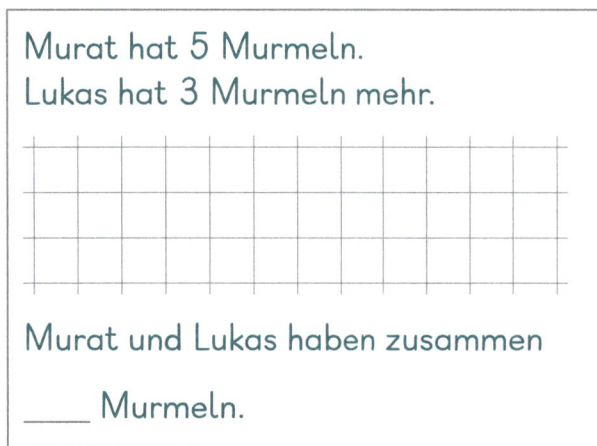

Murat hat 5 Murmeln.
Lukas hat 3 Murmeln mehr.

Murat und Lukas haben zusammen ____ Murmeln.

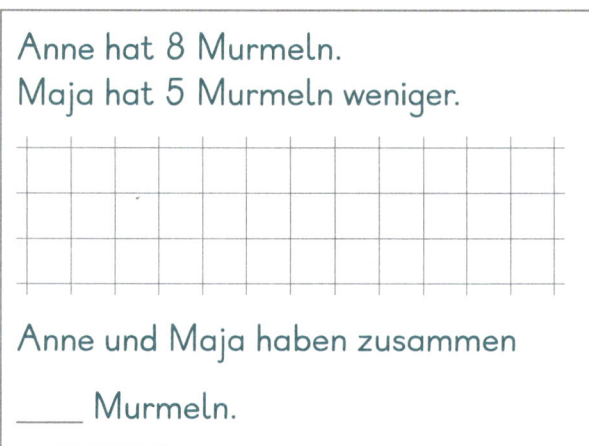

Anne hat 8 Murmeln.
Maja hat 5 Murmeln weniger.

Anne und Maja haben zusammen ____ Murmeln.

3 Wie alt ist jedes Kind?

Jan ist 3 Jahre alt.
Merle ist 1 Jahr älter als Jan.
Aaron ist 2 Jahre älter als Merle.

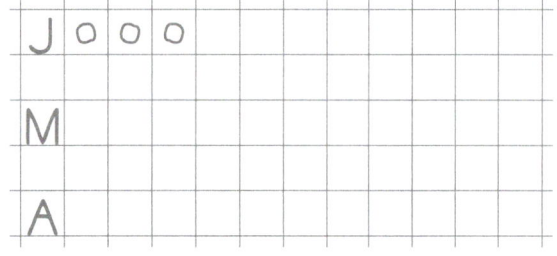

Jan ist ____ Jahre alt,

Merle ist ____ Jahre alt und

Aaron ist ____ Jahre alt.

Luis ist 6 Jahre alt.
Julia ist 3 Jahre jünger als Luis.
Dana ist 5 Jahre älter als Julia.

Tom ist 4 Jahre jünger als David.
David ist 3 Jahre älter als Ina.
Ina ist 7 Jahre alt.

Ben ist 3 Jahre älter als Mia.
Mia ist 5 Jahre alt.
Jonas ist halb so alt wie Ben.

1 Lösungsskizzen kennenlernen und auf Richtigkeit prüfen.   2, 3 Zu den Aufgaben Lösungsskizzen zeichnen und Aufgaben (teilweise im Heft) lösen.

→ Arbeitsheft, Seite 92

Mit Gleichungen arbeiten

1

Jannis hat jetzt ____ €.

Lara hat noch ____ Ballons.

12 − 5 = ____

12 + 5 = ____

Lisa hat 12 schmale und
5 breite Freundschaftsbänder.

Insgesamt hat sie ____ Armbänder.

Karim stellt fest:
Von 12 Ferientagen sind schon 5 vorbei.

Karim hat noch ____ Tage frei.

2

Simon hat 20 €.
Er möchte 2 Karten für Kinder kaufen.
Wie viel Geld bleibt übrig?

```
  6 € +
 20 € −
```

Es bleiben _____

Er möchte eine Karte für sich und
2 Karten für seine Eltern kaufen.
Wie viel muss er bezahlen?

Erlebnisbad

Erwachsener	8 €
Kind	6 €
Familie	25 €

1 Bilder, Skizzen und Aufgaben den Gleichungen zuordnen und lösen.   2 Textaufgaben lösen. Einen passenden Antwortsatz zur Frage notieren.
→ Arbeitsheft, Seite 93

Die Zehnerzahlen

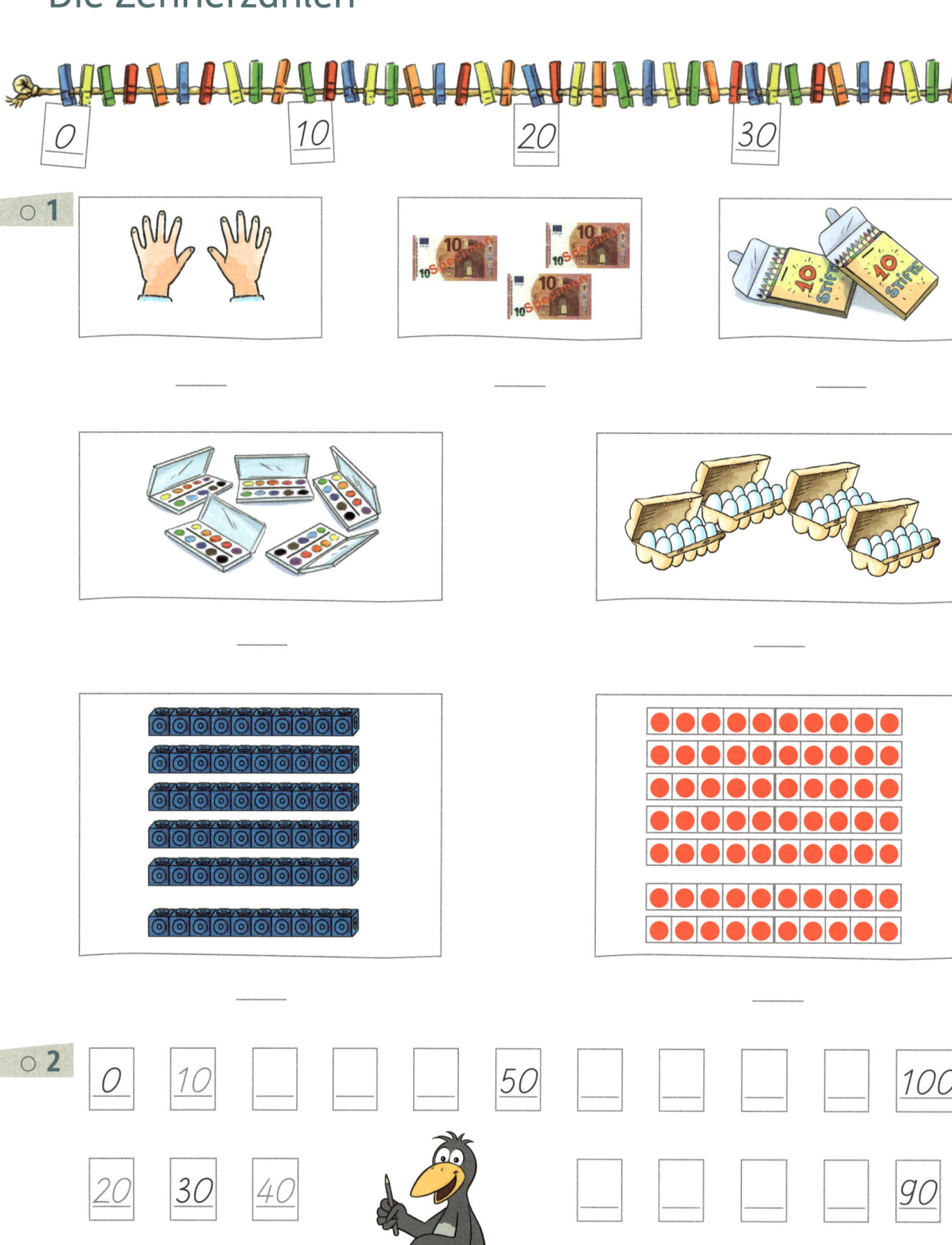

130 Die Zehnerzahlen von 0 bis 100 kennenlernen, dazu die Klammernkette besprechen. **1** Zehnerzahlen eintragen und weitere Zehnerpäckchen im Klassenzimmer suchen oder bündeln lassen. **2** Zehnerzahlen eintragen.

→ Arbeitsheft, Seite 94

Mit Zehnerzahlen rechnen

1 Ich denke an 2 + 3. 20 + 30 = ___   40 − 10 = ___ Ich denke an ___.

2
50 + 20 = ___   30 − 20 = ___   30 + ___ = 90   ___ − 80 = 10
70 + 10 = ___   70 − 50 = ___   60 + ___ = 60   ___ + 40 = 70
40 + 50 = ___   40 − 40 = ___   100 − ___ = 40   ___ − 70 = 30
10 + 80 = ___   90 − 80 = ___   80 − ___ = 30   ___ + 20 = 80

3 <, > oder = ?

10 < 20   100 ○ 90   60 ○ 50   80 ○ 70
20 ○ 10   90 ○ 100   40 ○ 70   70 ○ 80
50 ○ 40   30 ○ 30   90 ○ 30   90 ○ 60

4

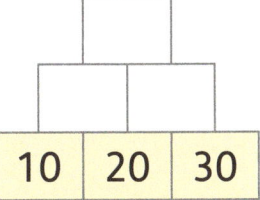 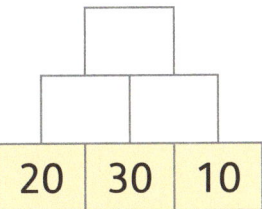 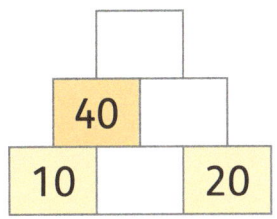 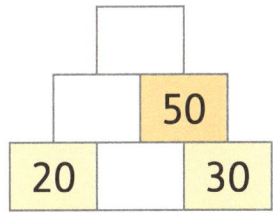

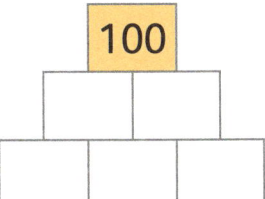 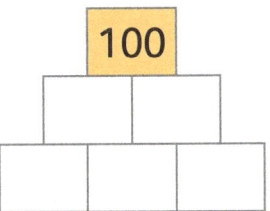 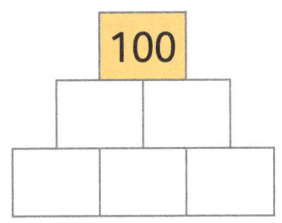 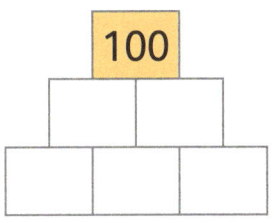

1, 2 Additions- und Subtraktionsaufgaben von Zehnerzahlen lösen. Dabei auf die analogen Aufgaben im Zahlenraum bis 10 achten. 3 Zehnerzahlen vergleichen und die Zeichen <, > und = nutzen. 4 Mit Zehnerzahlen in Zahlenmauern rechnen. In der unteren Reihe sind mehrere Lösungen möglich.

→ Arbeitsheft, Seite 94

Wiederholung

1

        9
     4   5

4 + 5 = ___
5 + ___ = ___
9 − 5 = ___
9 − ___ = ___

        20
     13   7

13 + 7 = ___
___ + ___ = ___
20 − 7 = ___
___ − ___ = ___

        14
     ___   ___

8 + 6 = ___
___ + ___ = ___
14 − ___ = ___
14 − ___ = ___

2

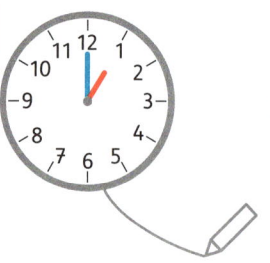 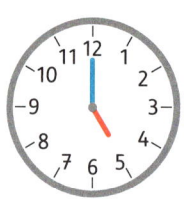   

| 15 Uhr | 1 Uhr | 5 Uhr | 22 Uhr | 8 Uhr |

3 Welche Aufgabe ist es? Ordne zu und rechne.

Am See stehen 14 Bänke.
5 Bänke sind besetzt.
Es sind noch ___ Bänke frei.

Auf dem Schulhof sind
14 Jungen und 5 Mädchen.
Es sind zusammen ___ Kinder.

14 + 5 = ___

14 − 5 = ___

14 Hasen sind auf der Wiese.
Im Stall sind noch 5 Hasen.
Zusammen sind es ___ Hasen.

Tom holt 5 Bälle aus dem Regal.
Dort waren vorher 14 Bälle.
___ Bälle sind noch im Regal.

1 Aufgabenfamilien vervollständigen und ausrechnen.   2 Uhrzeiten miteinander verbinden.   3 Aufgaben den Gleichungen zuordnen und lösen.

→ Arbeitsheft, Seite 95

4 Setze die Zahlenfolgen fort.

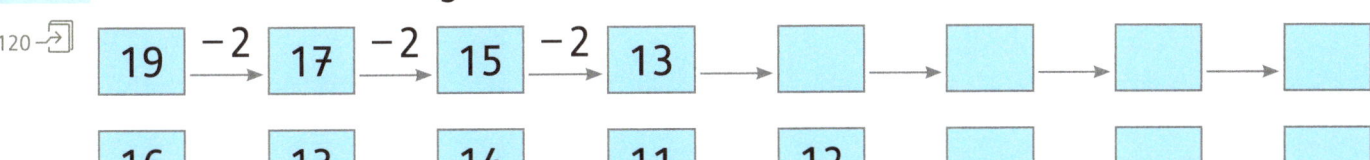

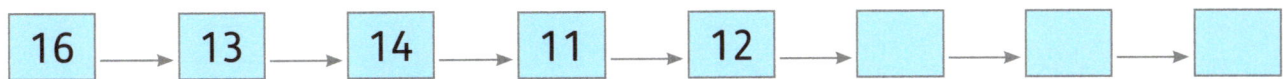

5

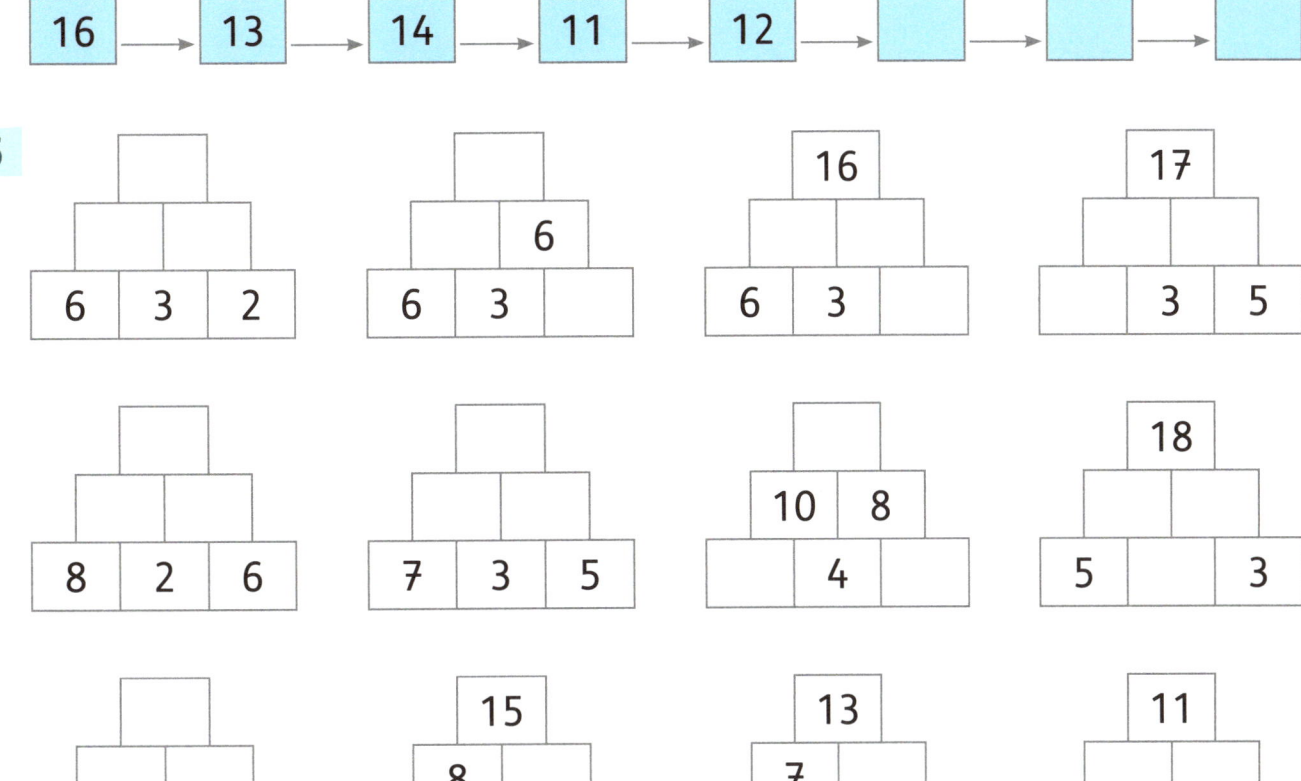

6 Wie alt ist jedes Kind?

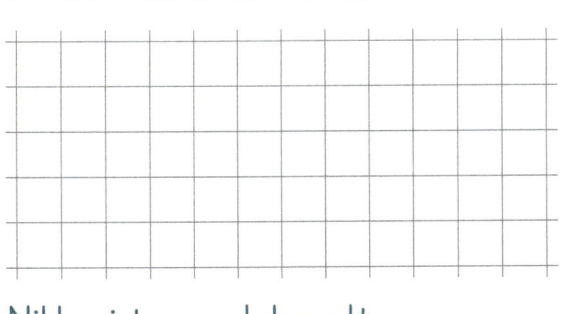

Niklas ist 1 Jahr alt.
Ben ist halb so alt wie Mia und
2 Jahre älter als Niklas.

Niklas ist ____ Jahre alt,

Ben ist ____ Jahre alt und

Mia ist ____ Jahre alt.

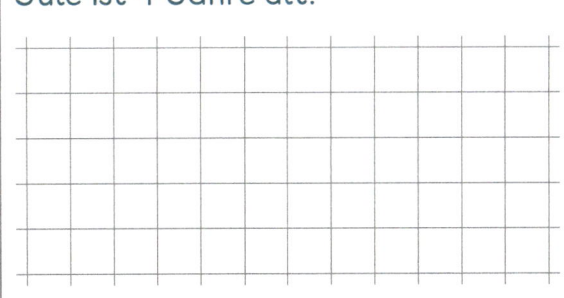

Naomi ist doppelt so alt wie Jule.
Jule ist doppelt so alt wie David.
Jule ist 4 Jahre alt.

Jule ist ____ Jahre alt,

Naomi ist ____ Jahre alt und

David ist ____ Jahre alt.

4 Regelmäßigkeit der Zahlenfolgen erkennen und diese fortsetzen. Operatoren notieren. 5 Zahlenmauern vervollständigen. Dabei auf die Muster achten und diese fortsetzen. 6 Zu den Aufgaben Lösungsskizzen zeichnen und Aufgaben lösen.

→ Arbeitsheft, Seite 95

Rückblick

1

10 + 8 = ___	4 + 7 = ___	16 − 1 = ___	14 − 7 = ___
16 + 4 = ___	7 + 8 = ___	18 − 3 = ___	11 − 6 = ___
12 + 7 = ___	1 + 9 = ___	20 − 9 = ___	13 − 5 = ___
18 + 2 = ___	8 + 5 = ___	17 − 0 = ___	12 − 8 = ___

🔑 18 18 19 20 20   10 11 12 13 15   11 15 15 16 17   4 5 7 7 8

2

+	2	5	7
11	13		
13			

+	4	9	8
6			
9			

+	3		6
8	11		
7			14

−	4	0	5
16			
20			

−	6	8	7
14			
15			

−			8
12		3	
11	9		

3

12 + ___ = 18	9 + ___ = 12	15 − ___ = 11	14 − ___ = 6
16 + ___ = 19	5 + ___ = 14	17 − ___ = 14	11 − ___ = 4
13 + ___ = 15	8 + ___ = 16	12 − ___ = 12	13 − ___ = 9
14 + ___ = 20	7 + ___ = 15	16 − ___ = 15	16 − ___ = 8

🔑 1 2 3 6 6   3 7 8 8 9   0 1 3 4 5   4 7 8 8 9

4 Was kannst du für genau 17 Euro kaufen?
Finde verschiedene Möglichkeiten.

134 1 Additions- und Subtraktionsaufgaben lösen. 2 Additions- und Subtraktionsaufgaben in Tabellen lösen.
3 Platzhalteraufgaben lösen. 4 Preise miteinander kombinieren, um die angegebene Summe zu erreichen.
Als Additionsaufgaben im Heft notieren.

Knobeln mit Texten

1 Welchem Kind gehört welche Jacke?

2 Wer ist wer?

1. Ken und Eva tragen eine Brille.
2. Eva steht zwischen Ron und Tom.
3. Ira hat einen Hut auf.
4. Nina und Ron haben die Hände frei.

3 Welche Farben haben die Schnecken?

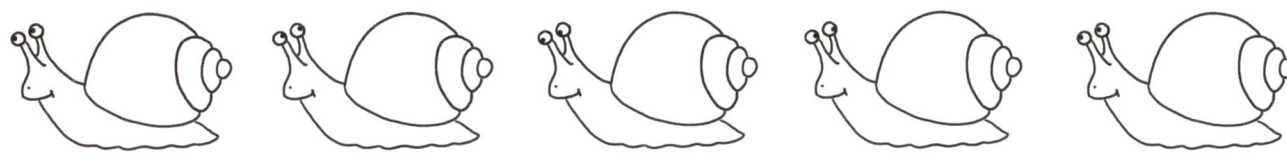

1. Die Schnecke rechts von der blauen Schnecke ist gelb.
2. Die Schnecke ganz links ist grün.
3. Die orange Schnecke ist zwischen der roten und der gelben Schnecke.
4. Die 4. Schnecke ist orange.

1–3 Aussagen zu den Aufgaben aufmerksam lesen und für die Lösung jeweils relevante Informationen entnehmen. Dabei Aussagen auch zueinander in Beziehung setzen, um die jeweils gesuchten Zuordnungen zu finden und zu notieren.

→ Arbeitsheft, Seite 96

Basiswissen

Zahlen

1 Zehner = 10 Einer

Z	E
1	3

13 = 10 + 3

Zahlen vergleichen

17 > 11

14 = 14

9 < 12

Rechnen

kleine Aufgabe nutzen

12 + 5 = 17
2 + 5 = 7

18 − 3 = 15
8 − 3 = 5

zuerst bis zur 10

6 + 7 = 13
6 + 4 = 10
10 + 3 = 13

14 − 6 = 8
14 − 4 = 10
10 − 2 = 8

Tauschaufgabe

3 + 8 = 11
8 + 3 = 11

Umkehraufgabe

14 − 8 = 6
6 + 8 = 14

Größen

18 Cent

18 Euro

9 Uhr
21 Uhr

Geometrie

Vierecke

Dreiecke

Kreis

Gebäude und Bauplan

3	2	1
1		